兒童與青少年精神健康問題

觸動與關懷

策　畫：香港心理衛生會出版小組委員會

校閱者：孫健忠、陳阿梅

編著者：趙雨龍、秦安琪

編著者簡介

姓　名	學　　歷	現　　職
趙雨龍	英國曼徹斯特大學精神及行為科學院哲學博士（University of Manchester）	香港浸會大學社會工作系副教授
秦安琪	英國布理斯托大學哲學博士（University of Bristol）	香港浸會大學社會工作系副教授

作者簡介（按筆畫順序）

姓　名	學　　歷	現　　職
李子超	香港醫學專科學院院士（精神科） 香港精神科醫學院院士 香港大學內外全科醫學士 英國皇家精神科醫學院院士 英國皇家內科醫學院院士	葵涌醫院顧問醫生
李俊秀	香港浸會大學哲學碩士	香港浸會大學兒童發展中心計畫統籌
何定邦	香港大學醫學博士	瑪麗醫院精神科顧問醫生
吳淑嫻	香港理工大學職業治療專業文憑 澳洲新南威爾斯大學衛生行政碩士	職業治療師
林潔心	香港大學內外全科醫學士	瑪麗醫院精神科醫生
郭志英	香港理工大學文學碩士（社會工作）	明愛向晴軒家庭危機支援中心督導主任
葉長秀	香港中文大學性別研究碩士	前和諧之家社工，中文大學人類學系及社工學系計畫研究助理
陳穩誠	香港中文大學哲學博士（臨床心理學）	葵涌醫院/油麻地兒童及青少年精神科臨床心理學家
鄒翠娟	澳洲迪肯大學理學碩士（護理系）（Deakin University）	香港瑪麗醫院兒童及青少年精神科專科護士
楊淑嫻	科學學士（University of Gloucestershire, UK）	香港紅十字會醫院學校，主管老師

ii

趙德慈	香港中文大學社會科學院學士	香港紅十字會醫院學校,教師
廖暉清	澳洲國立南澳大學輔導學碩士 香港理工大學職業治療學士	香港理工大學學生輔導主任
熊思方	香港醫學專科學院院士（精神科） 英國皇家精神科醫學院榮授院士	葵涌醫院副行政總監
劉永松	英國 University of Exeter 運動科學博士	香港浸會大學體育系助理教授
劉　誠	美國普度 Purdue 大學社會心理學博士	香港浸會大學兒童發展中心主任暨 教育系講座教授
鄧振鵬	英國皇家精神科醫學院院士 香港醫學專科學院院士（精神科） 香港精神科醫學院院士 香港中文大學內外全科醫學士	油麻地兒童及青少年精神科／葵涌 醫院高級醫生

校閱者序

很高興有機會先行拜讀由香港心理衛生會策畫,趙雨龍與秦安琪兩位教授負責編著的《兒童與青少年精神健康問題——觸動與關懷》專書,使我們對香港兒少精神健康的問題有所理解。此外,這本書能在台灣出版,除了豐富本地讀者對這些議題的知能外,勢必也將帶動社會對此議題的關注。

這本書的內容從兒少身心健康發展的相關議題(如遺尿、讀寫發展障礙、過動、肥胖、飲食失調、性別角色、焦慮、自傷行為等),到與家庭、社會變遷有關的議題(如婚外情子女的適應、性侵害兒童、受家庭暴力影響的孩子、高競爭下的兒童成長、兒童權利的認知等),可以體會出編著者試圖使讀者能對兒少的精神健康需求有一個雖概括但整體性的認識與了解。

更難能可貴的是,本書的作者群包括學術界人士(大學社會工作系教授、體育系教授,大學兒童發展中心主任、計畫統籌,大學學生、輔導主任等)、醫院工作者(副行政總監、精神科顧問醫生、職業治療師、兒童及青少年精神科臨床心理學家、兒童及青少年精神科專科護士),與社福機構工作者(家庭危機支援中心督導主任、紅十字會醫院學校、主管老師)等,這些令人欽佩的作者各就其專業領域的實務經驗,以平易的語言,透過相關案例的探討,鋪以深入淺出的理論,使讀者不致有說教的感覺,反引人啟思與共鳴。

雖然同為華人社會,兩地文化大同小異,但在專業用語上仍有使用的差異。在台灣多以「過動」來簡述「過度活躍」,以「閱讀學習

障礙」指稱「讀寫發展障礙」，以「飲食失調」指稱「進食失調」，以「性騷擾與性侵害」來泛指「性侵犯」；對於這些用語及一些文字，除了難以了解外，我們在校閱時，為了尊重香港文化所具有的特色，盡量維持作者原本的說法而未建議作太多的修改。

現今社會愈趨多元複雜，衝擊影響較大的就是兒童與青少年；而兒童與青少年的精神健康問題，反映的也是個體、家庭與社會互動之下的複雜性。在此方面，本書提供了很適切的幫助，讓我們理解這些問題總是與家庭及社會大環境共存共舞。我們要謝謝本書編著者與作者的合作撰寫，也很樂意推薦本書給關心此議題的台灣讀者，相信它不僅是實務的參考素材，更代表了一種觸動與關懷，給兒童與青少年一個有愛與被接納的環境。

孫健忠、陳阿梅
國立臺北大學社會工作學系

編著者序

近年兩岸三地無論是在經濟、社會、學術各個層面上，都有相當頻密的接觸及交流。雖然在用語上，香港和台灣存在著一些差異，但兩地的兒童及青少年在成長過程中遇到的一些情緒及精神健康的主題，還是有一定的共同關注。希望這種看來熟悉，但卻有點分別的感覺，反而能令讀者有一點新鮮、啟迪、共鳴及衝擊。

過往每地的出版多是本土化的關注，跨地域的出版比較困難，同時也需要大量的修訂以迎合當地讀者，但這次以港式內容在台灣出版，有賴心理出版社尊重差異的新嘗試，亦多謝臺北大學孫健忠教授及陳阿梅教授對稿件給了許多寶貴的意見，並協助修正若干用語。

此書沒有分部，但文章的次序安排大抵先個體、後環境，先生理相關、後心理相關的概略進程。各位作者都是香港有關方面的專家及前輩，他們都是香港的超級大忙人。他們不惜賜稿，並且慷慨將稿費及有關的收益都轉贈與香港心理衛生會作為精神健康教育工作，編者們能與他們合作，實在感到榮幸。由於希望此書能使較多讀者群得益，所以格調平易，有別於一般學術或實務書籍，希望無論是在受訓當中的醫療及社福專業人士，抑或是冀望能多了解的家長，都能從此中得到幫助。內容方面，此書觸及的範圍頗多，除了一般人較多關注的兒少年問題（如讀寫障礙、過度活躍、焦慮情緒、青少年的飲食失調病症、自我傷害及自殺）外，我們還加上了相當普遍的兒童尿床問題、過胖心理、家庭暴力及受虐心理。華人家庭時有聽聞的婚外情問題，我們也會探討置身其中孩子的適應及處理。另外，較少為父母理

解的少年性別危機，我們有專家去評論一個過來人的故事。最後，港台兩地的青少年人都是在高競爭環境下生活，孩子是如何適應成為大家的共同關注。

本書沒有嘗試就個別的題目成為專題書籍，並非各位作者不能，相反地，而是編者們希望此書能成為一個較廣泛的入門，引發讀者的興趣。能夠做到這個的話，我們已經很滿足。因為經驗的問題，編輯工作定必有所遺漏，希望讀者能不吝指正。

趙雨龍、秦安琪

香港浸會大學社會工作系

目錄

viii

第一章 / 過度活躍症

鄒翠娟

引言

筆者在精神科工作已超過了二十年，有一半時間是面對兒童、青少年及其家人。培訓和治理的形式包括個別及小組的訓練及治療。在護理過程中最不能缺少的是家長的參與和合作。因為除了學校及朋輩外，家庭與其成員對兒童及青少年的影響最大。

在兒童及青少年精神科工作充滿挑戰，所遇到的病例也頗多，發展失調的如自閉症、語言遲緩等；情緒問題；行為問題如操行表現差、過度活躍症等等。很多人，包括家長及學校老師，都對過度活躍兒童有所誤解，以為他們只是過分活潑頑皮，又或是故意搗蛋、有著反叛或暴力傾向。更甚是歸咎於父母管教無方，致令孩子出現行為偏差等問題。筆者在本文選擇了討論過度活躍症，目的是透過個案及經驗分享，希望讓讀者多些了解過動兒的問題、家長的困難及處理過動兒的方法。

案例　過動的小明

剛入小學的陳小明，不停的被老師投訴坐不定、好說話、不留心上課、舉止魯莽衝動，常在不自覺間與同學碰撞。小明的母親陳太太也發覺小明常常欠寫手冊、忘記帶課本回家、書包的書簿也一片混亂。陳太太常常要幫小明添置新文具，因他常把文具弄丟。

起初，陳太太猜想小明不過是在入小學時出現適應上的問題，可是小明的行為問題卻愈來愈嚴重，他與朋友的關係也愈來愈差。其後，學校得到陳太太的同意，把小明的問題轉介到教育署的特殊教育

組，再由精神科醫生經診斷後，證實小明的問題是屬於過度活躍症。

其實，小明的活躍問題已不是一朝一夕的事，陳太太回想起來，小明一直很活躍，似是啟動了的機器一般，渾身是勁，經常爬高爬低。在幼兒園期間，小明也曾被當時的老師投訴，例如經常與同學起衝突、爬高爬低，當老師企圖阻止他的偏差行為時，他便大叫、尖叫，或大發脾氣。

陳太太十分擔憂，因為無論她如何的提點小明，他一下子就忘得一乾二淨。陳太太在管教小明方面真是感到力不從心，而陳先生卻不斷埋怨她管教無方，致令小明的成績一再退步。陳先生主張用體罰，相反地，陳太太就認為要循循善誘。夫婦各持己見，常常爭持不下。第一次接觸過度活躍症，他們都很想知道：究竟什麼是過度活躍症呢？小明是否過度活躍？小明能否痊癒？什麼方法才可以幫助小明呢？

什麼是過度活躍？

過度活躍症是兒童精神科裡的一種病症。在英國一般稱為 Hyperkinetic Disorder（ICD-10），而在美國則稱為 Attention Deficit Hyperactive Disorder，簡稱 ADHD（DSM-IV）。在中國，同樣病例稱為多動症（祝士媛、唐淑，1989）。

早在一九○二年期間，過度活躍症被形容為 Volitional Inhibition，亦將其歸納為道德上的問題（McKee, 1991）。其後九十年間，過度活躍症的名字有不同的詮譯（Barkley, 1991），例如：Hyperactive Hyperkinests Syndrome 及 Minimal Brain Damage 等等。一些科學家會把

過度活躍用來形容活動的程度，而注意力的問題就用來形容有關病症。

　　患有過度活躍症的兒童，主要有三大問題：過度的活動量、專注力弱及不能控制衝動的行為。而這些問題亦往往影響了他們的學習、與人交往及家庭生活，在兒童的成長、社交等各方面功能構成障礙。

　　在歐美等國家，大約有三至五成的學齡前小孩有過度活躍的問題（DSM-IV），男性患者較女性為多，大約 4:1 至 9:1。發病的年齡大約是七歲前，多數是在小孩進入幼兒園及小學之前，即大約三至四歲。而其過度活躍的行為必須維持達六個月之久（DSM-IV）。

　　過度活躍症的理念源於西方社會，主要是美國、澳洲及歐洲等地。東方社會比較注重服從的行為，正所謂「循規蹈矩」，因此使人懷疑過度活躍症在東方社會的存在問題。根據中國內地學者 Shen、Wang 及 Yan 在一九八五年的文獻，中國男童有過度活躍症的大約是 4%至 5.8%。香港為中國學童做了一個評估及發病率的研究（Leung et al., 1996），根據DSM-IIIR的斷症標準，香港的中國學童大約有 6.1% 有過度活躍症，比起西方國家來說是比較低了。英國的發病率大約是 19%（Taylor et al., 1991），紐西蘭是 16.6%，而加拿大是 10.8%（Leung et al., 1996）。就算以（ICD-10）的標準來計算，香港學童的發病率也比西方為低。香港的數字是 0.78%，而瑞典及英國則分別是 1.3% 和 1.7%（Taylor et al., 1991）。

 病癥

　　過度活躍症的主要病癥為：1. 注意力不集中；2. 過動及 3. 衝動。

根據 DSM-IV 的評估標準，其徵狀如下：

甲、其以下㈠或㈡

㈠六點或以上的注意力不集中症狀，持續至少六個月以及造成影響，這些影響包括患者在發展階段中的不適應及不配合。

注意力不集中：

1. 經常對細節表現不能集中精神，或常在功課上、工作上及其他活動上犯錯。

2. 經常不服從指示，而導致不能完成功課、工作或其責任（非因其對立的行為或未能明白指示）。

3. 經常表現似聽不見別人對他的直接對話。

4. 經常在維持集中力（在工作及遊戲活動）時表現困難。

5. 經常在組織工作或活動時表現困難。

6. 經常避免、不喜歡或不願意從事某類事情，而這些事情須持續的集中精神及努力（如做功課）。

7. 經常失去工作程序表及活動所須的玩具、功課、筆、簿等等。

8. 經常容易受外來的事物所吸引而分心。

9. 於日常活動中，經常顯得健忘。

㈡在過分活躍及衝動的症狀中有至少六項，持續六個月及造成影響，這些影響包括患者在發展階段中不適應及不配合。

過分活躍：

1. 經常手腳不停地動或在椅子上扭動身體。

2. 經常於教室或其他場合中離席，而在這些場合中，兒童應該是要安坐在座位上的。

3. 經常在不適當的場合下過度跑跳或攀爬。

4. 經常感覺參與課餘活動有困難，尤其是那些須要安靜地參與的活動。

5. 經常感覺要不停地動或好像被馬達所推動。

6. 經常不停或過量地說話。

衝動：

1. 經常在問題尚未完成前便衝口作答。

2. 經常不能夠輪候。

3. 在談話或遊戲時，經常打斷或騷擾他人。

乙、有些過動、衝動或注意力不集中之症狀會於七歲前出現。

丙、有些由病癥所導致的問題情況會於兩個或多過兩個環境下出現（例：學校及家中）。

丁、於社交、學校或工作上的功能會因此而受到影響或虧損。

過度活躍症種類（DSM-IV）

㈠過動症，混合型。

㈡過動症，主要是注意力不集中。

㈢過動症，主要是過動及衝動型。

其他與過度活躍症有關的問題

患過度活躍症的兒童除了有病患的症狀外，亦可能有一連串的困難（Barkley, 1991）。

㈠行為、社交與操行問題

在行為上，患者的注意力比較弱、易分心、坐立不安。她／他的自我控制能力差，也比較容易吵鬧或帶有破壞性。同時，患者在社交上也產生不少問題，例如朋輩關係差、不容易聽從指示，操行方面有些患者會有暴力、說謊或偷竊的行為。患者也會因為自我控制力弱而出現很多危險動作，如爬窗等等。她／他們的解決問題技能也十分薄弱（Barkley, 1991）。

㈡智力、認知與學習問題

有些患者在認知上也同時出現困難，他們較難解決複雜的問題，缺乏組織及技巧，亦不能應付須要記憶能力的工作。有些患者則是智力較低、缺乏良知，也不能理解行為所帶來的後果。而有些患者亦同時在學習上表現有困難 （Barkley, 1991）。

㈢情緒

情緒方面的問題包括抑鬱、自尊感低、情緒易高漲或興奮（Barkley, 1991），因不成熟的情緒控制而容易有挫敗感。患者的情緒可以是易變及難測的。

㈣生理方面

至於生理上的問題，有些患者與其他兒童相比，會出現輕微的生理異常，例如輕微的異常體態或不成熟的生理生長骨幹。有些患者的身體狀況較弱，例如有上呼吸道易受感染的問題，或易患中耳炎及敏

感症等。其他常見的生理問題，如大小身體異常、中央神經系統遲鈍、睡眠縮減、感知及大小肌肉方面的問題（Barkley, 1991）。

過度活躍症帶來的影響

(一)個人方面

雖然隨著患童年齡增長，多動的行為會漸漸減少（宋維村、侯育銘，1996），然而其注意力弱及缺乏自制力仍較同輩為高。

由於不能集中學習，患童的成績一般比較差，因而缺乏成就感。由於太活躍及衝動，往往挫折頻生、影響社交、缺乏朋友，故比較容易產生焦慮、憂鬱等情緒困擾。

到了青春期，亦所謂「叛逆期」問題，如行為偏差、打架鬥毆、藥物濫用、偷竊等等較容易產生（宋維村、侯育銘，1996）。如果患童的過度活躍的病癥嚴重、雙親患精神病、有一個破碎家庭背景，或有其他合併兒童心理問題，則患童在青少年時期會比較容易產生嚴重的行為偏差問題，這也大大影響其將來的人格發展。

(二)家庭方面

患過度活躍症的兒童通常在嬰兒時期已出現很多養育上的困難（宋維村、侯育銘，1996），例如睡眠時間少、對聲音十分敏感，餵食方面要花較多時間，令父母親筋疲力盡。當兒童漸漸長大，開始爬行及走路，她／他的多動行為會引發很多危險動作，易生意外，更令父母疲於奔命。

進入小學後，問題似乎有增無減。由學業、操行至人際關係，令父母感到十分無助。有些父母甚至採取放任態度，令親子關係變得愈來愈差。父母親也會因管教問題而產生衝突，加上老一輩不一定能給予諒解，導致家庭成員互相指責。

患童的兄弟姊妹也比較容易有情緒問題，例如她／他們可能得不到同樣的注意，甚或因為父母疲於應付患童的問題而忽略了她／他們，同時，她／他們也可能與患童不能和睦相處，增加了兄弟姊妹間的衝突。

過度活躍症的治療方法

患有過度活躍症的兒童需要各方面的協助及治療。Taylor（1985）提出了三大類的治療方法：1. 藥物治療、2. 心理治療、3. 教育及學習的輔助。

(一)藥物治療

在處理過度活躍的行為方面，比較有效的是中樞神經興奮劑。常用的有派甲酯（Methylphenidate）——又名利他林（Ritalin）。藥物治療的目的在於協助患童適應社會的要求，減低多動的行為及改善注意力。

利他林雖不能根治過度活躍症，但它有短暫的藥力，能令患童減少多動的行為，增加她／他的注意力。可是利他林亦如一般藥物會產生副作用（Efron, et al., 1997），主要如失眠、食慾不振、胃痛及頭痛等，其他如頭暈、心煩氣躁、焦累及容易哭泣等情況也偶爾出現。由於害怕利他林也會影響兒童的成長速度，令一些家長對採用藥物治療

望而卻步。

㈡心理治療

1. 行為治療

Barkley（1991）提到過度活躍兒童有很多問題須要利用行為治療來處理，這些行為包括對抗、不服從及攻擊性行為。行為治療有即時性的功效，長遠來說，它比藥物更有效，尤其是一些對藥物欠敏感的症狀，如對抗性及反社會行為等等。行為治療也可減低多動及增強注意力（Taylor, 1985）。

行為治療的方法可以舒緩及改善很多行為的問題（Taylor, 1985），如可以減少多動的行為、增加在活動時的注意力，以及改善學習速度。而這些方法也可以讓家長和老師採用。然而，行為治療能否長期改善學習能力或社會適應，就有待各方進一步的研究。

2. 自我控制訓練

自我控制訓練屬認知治療，其目的在增強兒童調整自我行動的能力，同時也教導她／他們解決問題的策略（Taylor, 1985）。這項訓練包括兒童的自我監察、解釋（或模範）口述策略如低聲自我指導，及自我稱讚或自我獎勵。

根據 Braswell 和 Kendall 於一九八八年的文獻，自我控制訓練在某程度上是可以改善一些兒童的行為偏差問題。臨床有效的個案如注意力差及過度活躍的兒童。

0
1
2

3. 輔導

　　輔導的對象除了是患病的兒童外，也包括其家長及學校老師。患童因其病癥而衍生的問題常會受到排斥，或是因經歷長期的失敗及不愉快，自然變得自信心低及自尊感弱。家長亦同時變得易憤怒、有罪惡感，甚或拒絕接受事實；而老師們也會感到無助。因此患童、家長、老師等都極需要多方面解釋、指導及支持。

(三)教育及學習的輔助

　　患過度活躍的兒童常在學業上遇到困難，也因而影響其自尊感。因此，患童必須在教育及學習上得到幫助。倘若患童在教堂上得到適當的輔導，再加上其他治療（如藥物）的幫助，她／他們的課室行為是可以改善的。患童的表現在有規律的教室往往會較為理想，因為有規範的、清晰的學習期望及指示對學生會有莫大幫助，加上老師適當地運用獎賞計畫，將有助患童增強自信心。再者，師長應找出兒童的優點及強項，使能因材施教，訂立適合她／他們能力的學習計畫。

多元化的治療

　　在過度活躍症中，除了藥物有很好的治療作用外，其他的治療方法也能針對性的幫助患童的各樣問題。那麼，一個治療過程應包括多種治療方法。MTA Cooperate Group（1999）用了十四個月研究多樣化的治療方法，研究結果偏向藥物比較有效，尤其是針對過度活躍症的主要病癥。而多元化的治療方法對一些因過度活躍症而產生的問題也

有很大的作用，例如：有對抗性或暴力傾向的病癥、心理問題、於學習環境帶來的社交問題、親子關係及閱寫方面的問題。

小明的個案延續

就小明的過度活躍情況，醫生建議利用藥物來控制小明的病癥，可是陳太太及丈夫卻對此法有所保留。某天，陳太太接到小明的班主任通知，說小明在休息時因太衝動而誤傷了同學。雖然這同學只是手臂輕微擦傷，但班主任還是告誡了小明一番，記了一個小過。陳太太開始意識到小明不能自我控制的不良後果，經與丈夫商量後，夫婦二人終於接納了醫生的意見，讓小明服用利他林。

於服用利他林期間，陳太太一直觀察小明的胃口、體重及身高，亦留意他有否出現藥物副作用的徵狀。從教師的觀察，小明的專注力增加了，而且少了不停地動，衝動行為也減少了。由於小明的注意力提高了，他的學業亦隨之有所改善。

除了藥物治療外，小明參與了一些對過度活躍症有幫助的治療訓練。他參加了兒童日間中心的過度活躍小組；這是一個以教室形式進行的小組，旨在改善患童的教室行為，例如安坐、遵守規則、舉手發問等良好教室行為。同時他也有機會參與同期的社交小組，通過遊戲方式，學習與人合作、解決衝突、鍛鍊記憶力等。

小組也運用了獎勵計畫增強良好行為。通過計畫，組員的良好行為會得到鼓勵，不適當的行為也因此減少。與此同時，小明也因得到鼓勵，大大增進了他的自尊感。

與過度活躍小組同期進行的還有家長研討會。陳太太透過研討會

加深了對藥物治療的功用及副作用的了解，以及清楚知道獎賞計畫對小明的幫助、自己如何在家幫助小明學習等等。更重要的是，陳太太能夠在研討會中與其他家長分享苦痛，亦吸收了有用的寶貴經驗，使她了解到與人分享確能減低憂慮及鬱悶。

　　陳太太及陳先生因管教小明方面，常常發生爭執，最後他們都參與了「家長管教工作坊」的訓練。雖然他們並未完全摒棄體罰，但他們已採用「關注」、「讚賞」、「實質獎勵」等技巧來提升小明的良好行為及自信心。與此同時，他們開始運用「不予理會」、「短暫隔離」及「行為後果」等等方法以取代體罰。這些方法既不會傷害小明，又不損害親子關係，更能減少一些不適當的行為。

過度活躍症的護理心得

(一)護理目標

　　基於每一個小朋友都有不同的特質，雖然她／他們都患同一症狀，但她／他們表現的問題卻不一定相同，她／他們及家人所受到的影響也有所分別。因此在制定護理目標時一定要以病人為中心，在列舉其問題後再找出護理目標的先後次序。例如患童的主要問題在於衝動，容易與別人發生爭執，甚或無意中傷害到別人，護理目標便會首先集中在減低其衝動行為。護理目標也包括可達成、可證實、能量度，及達成目標要有時間規限。就衝動行為為例，可以分出幾個目標來達成，如易於量度，及證實可行。例如減低離席次數，增加發問時先舉手的行為等等。另外也會與患童一起訂立目標，使其在達成目標

時得到即時鼓勵，奠立對改善行為的信心。

(二)護理原則

在護理患有過度活躍症的兒童時，一定要充分利用環境作治療。治療環境切忌太多色彩或刺激物，如玩具，因為患童比較容易分心，太刺激的環境會妨礙治療進度。護士要幫助患童發展有益、有建設性的行為，安排有益及具啟發性的活動，提供有建設性的宣洩途徑。在認知行為治療方面，獎罰制度要靈活地運用，最重要的是根據患童的需要；在藥物治療方面護士會執行醫生的藥物處方，觀察及報告有關藥物的反應，更會教導父母如何執行藥物處方，觀察藥物的反應及效用。

(三)評估

要明白患童的需要和困難，多方面的評估尤為重要。在評估方面，筆者引用了 Wilkinson（1985）的評估模式：The Developmental System Approach。此模式包括評估患童的身體、心理、認知及社交等各方面的發展。再加上了解影響患童的個人、朋輩、家庭、學校及社區等組織關係，能進一步幫助訂立及執行護理目標。

護理評估包括進行會談及觀察，也會借用一些常用的評估工具，例如 Achenbach（1991）的兒童行為評估表（Child Behaviour Checklist, CBCL）；Hazzard、Christensen 和 Margolin（1983）的父母及子女觀感調查表（Parent Perception Inventory, PPI）等。在評估家長的管教模式方面，就運用了 Forehand 和 McMahon（1981）的 Parent Child Interaction Assessment（PCI）。

　　以上的評估報告一方面有助護士及前線工作者了解兒童的主要困難，另一方面，有助探討治療及護理成效。對改善治療及護理策略有很大的幫助。

㈣護理策略

　　以下是一些在兒童精神科工作的護士所沿用的策略：

1. 了解及接納，建立良好關係

　　要了解患童的問題，才可以針對問題給予協助，因此專業而客觀的評估尤為重要。同時，患童十分需要別人關心和接納，因為她／他們已有太多失敗或被人排斥的經驗了，因此積極與患童建立真誠而友善的關係，有助日後的護理及治療工作。

2. 改善衝動及社交問題，繼而提升自信心

　　教導患童在日常生活中自我控制及管理情緒，以減低衝動行為為目標，同時也自我鼓勵正面行為。社交方面，藉模仿、角色扮演及小組討論的方式去訓練適當的社交行為。持續的輔導及現實介入（Redl, 1972），能幫助患童了解行為問題的成因，繼而找出解決問題的方法，大大提升患童的自信心。

3. 善用環境

　　除了利用低刺激的環境來改善患童分心問題外，適當的規則有助患童活動的規律化，也希望幫助她／他們養成遵守規則的良好習慣，進而減低因衝動而引致的行為問題。另一方面，可藉著有趣的小組活

動疏導他們旺盛的精力。

4. 運用行為改善技巧

適當的運用獎勵計畫，再加上清晰的活動規則，可增加患童良好的行為，例如安坐、遵守紀律等等。另一方面，適當運用「短暫隔離」、「行為後果」等等，也可減低不適當的行為。

5. 訂立並實施個別的護理計畫

每一個患童都有不同的特性和氣質，因此訂立護理計畫也需因人而異，才能滿足她／他們的需要，有效的改善行為異常問題。

6. 增強與家長的溝通，以配合治療

家長是協助患童的重要人物，是絕對不能忽視的。經常與家長聯絡，一方面可以了解家長對問題認知的程度，從而了解家長的管教理念和態度；另一方面又可讓家長了解醫護人員協助患童的策略，繼而在家中互相配合。要協助家長接納過度活躍的問題並認識病癥，鼓勵家長透過日常生活，施行有效的訓練，因為長遠來說，家長才是治療過度活躍兒童的重要夥伴。

7. 發揮聯絡角色，與各有關員工及人士合作，達到最佳治療成效

在兒童精神科工作的成員除了有醫生和護士外，還有心理學家、職業治療師、醫務社會工作者及醫院學校老師等。各人都擁有自己的

專業才能和意見。而在處理患童的問題上，要互相合作及配合，才能發揮最有效的治療作用。

結語

　　「活躍有餘，注意力不足」正好形容一般過度活躍兒童的行為與特徵。文中小明的故事只是過度活躍兒童的其中一個例子。要了解孩子是否有同樣問題，就一定要尋求專業人士協助，對於因病癥而引起的行為、學業及社交等問題也要適當處理。

　　要協助患童改變絕非易事，長期的處理和輔導是必然的。首先家長要接納及支持他們的孩子，及早尋求治療和訓練，更要在日常生活中與治療互相配合；然後是學校老師的包容和體諒，在學習上加以輔導；最後是社會人士對過度活躍兒童有正確的認識，摒棄對其偏見及不必要的標籤，給予他們適當的幫助。

參考書目

American Psychiatric Association (1994). *Diagnostic and Statistical Manual of Mental Disorders*, 4th Edition (DSM IV). Washington, DC: American Psychiatric Association.

Barkley, R. A. (1991). *Attention Deficit Hyperactivity Disorder: A Handbook for Diagnosis and Treatment.* New York: The Guilford Press.

Braswell, L., & Kendall, P. C. (1988). In Dobson, K. (Eds.), *Handbook of Cognitive Behavioural Therapies.* New York: The Guilford Press.

Efron, D., Jarman, F., & Barker, M. (1997). Side Effects of Methylphenidate and Dexamphetamine in Children with Attention Deficit Hyperactivity Disorder: A Double-blind, Crossover Trial. *American Academy of Padiatrics, 100*: 4, 662-666.

Forehand, R. L., & McMahon, R. J. (1981). *Helping the Non Compliant Child: A Clinical Guide to Parent Training.* New York: The Guilford Press.

Hazzard, A., Christiensen, A., & Margolin, C. (1983). Children's Perception of Parental Behaviors. *Journal of Abnormal Child Psychology, 11*: 49-60.

Leung, P., Luk, S. L., Ho, T. P.,Taylor, E., & Mak, F. L. (1996). The Diagnosis and Prevalence of Hyperactivity in Chinese Schoolboys. *The British Journal of Psychiatry, 168* (4): 486-496.

Mckee, M. (1991). Disruptive Behaviour Disorders of Early Childhood: Attention Deficit Disorder with Hyperactivity. In Chun, P. (1991). *Child Psychiatric Nursing.* U.S.A: Mosby.

MTA Coorperative Group (1999a). 14 Month Randomized Clinical Trial of Treatment Strategies for Attention Deficit Hyperactivity Disorder. *Archive of General Psychiatry, 56*: 1073-1086.

Redl, F. (1972). *When We Deal with Children*. London: The Free Press.

Rutter, M., & Hersov, L. (1985). *Child and Adolescent Psychiatry: Modern Approaches*. London: Blackwell Scientific Publications.

Shen, Y. X., Wang, Y. F., & Yan, X. L. (1985). An Epidemiological Investigation of Minimal Brain Dysfunction in Six Elementary Schools in Beijing. *Journal of Child Psychology and Psychiatry, 26*: 777-788.

Taylor, E. (1985). Drug Treatment. In Rutter, M. & Hersov, L. (Eds.), *Child and Adolescent Psychiatry: Modern Approaches*. London: Blackwell Scientific Publications.

Taylor, E. (1985). Symdromes of Overactivity and Attention Deficit. In Rutter, M., & Hersov, L. (Eds.), *Child and Adolescent Psychiatry: Modern Approaches*. London: Blackwell Scientific Publications.

Wilkinson, T. (1985). *Child and Adolescent Psychiatric Nursing*. London: Blackwell Scientific Publications.

World Health Organization (1992). The ICD-10 Classification of Mental and Behavioural Disorders. *Clinical Description and Diagnostic Guidelines*. Geneva: World Health Organization.

宋維村、侯育銘（1999），《過動兒的認識與治療》，台灣：台大醫院大眾醫學社。

祝士媛、唐淑（1989），《幼兒教育百科辭典》，上海：上海教育出版社。

第二章

讀寫發展障礙
——懶惰之故？

陳穩誠
熊思方
吳淑嫻
楊淑嫻
趙德慈

🌸 引言

近年，讀寫障礙愈來愈受到認識及重視。很多家長及教師因此更了解這障礙的特徵及對學習所做成的影響。讀寫障礙的成因大致可分為先天及後天。本文集中討論因先天因素而引起的發展性讀寫障礙（Developmental Reading and Writing Disorders）。閱讀及書寫障礙是兩種不同的困難，雖然它們很多時候一起出現，但本文將會把兩種障礙分開描述，以便讀者可更清晰了解它們的特性。

🌸 閱讀障礙（Reading Disorder）

(一)徵狀

有閱讀障礙的兒童其主要徵狀有：

1. 識別個別文字的能力明顯低落；

2. 閱讀速度較一般兒童緩慢；

3. 詞句理解能力差。

在學習障礙（Learning Disorders）中，閱讀困難是最普遍的。據英語系的研究，在患上學習障礙的個案中，八成是患有閱讀障礙（DSM-IV, 1994），發病率一般估計為 5%至 10%（Benton and Pearl, 1978），即在一百個兒童中有五至十個會患上閱讀障礙，而男女比例為 3.5-4：1，即男童比女童發病機會高出 3.5 至 4 倍（Pennington,

1991），香港現時則未有這方面的研究。據中國在一九九七年的一項調查中發現，閱讀障礙的發病率為 3.26%，而男女比例則為 2.45：1（楊至偉，1997）。

患有閱讀障礙的兒童在學習上常出現的情況如下：

1. 用不同的藉口，逃避需要閱讀的功課；

2. 即使重複溫習多次也經常忘記讀過的詞語；

3. 讀書時，經常讀錯、讀漏字或停頓時間很長；

4. 雖然能讀出文字，卻不能理解文章的內容。

(二) 成因

兒童出現閱讀困難，一般被誤解為懶惰、不專心或不聰敏。其實閱讀障礙發生在一般正常的在學兒童，與智障、缺乏上學機會、情緒問題或視覺、聽覺問題無直接關係。

1. 家族遺傳

閱讀障礙成因的研究，至今仍甚為缺乏。在一些家族遺傳研究中，發現閱讀障礙是與染色體 15 及 6 的遺傳基因有關（Pennington, 1991）。

2. 腦部功能缺損

至於腦部功能研究方面，現時已證實腦功能與閱讀障礙有直接關係。但目前仍未能確定導致這種障礙的腦部功能異常。在西方的研究中，較一致的結果顯示左顳葉（Temporal lobe）出現識知功能的缺陷（Pennington, 1991）。左顳葉的主要功能是語音的認知，因此造成語

音處理程序（phonological processing）的缺損。這推論切合英語閱讀的表現，因為英文是音標文字，讀音與書寫有直接關聯。

　　腦部功能的研究，在漢語系方面，可說是絕無僅有。初步研究資料顯示，閱讀障礙兒童在「左、右半球額，枕、顳、頂葉不同腦區的局部腦代謝功能下降，以顳葉（左）枕葉（右）相對多見。因此大腦對漢字的識知是依賴左、右腦並用的」（楊至偉，2000）。

　　總括來說，初步研究顯示中文閱讀障礙是因遺傳及腦功能失調而引起的問題，與懶惰、不專心、不努力、不聰敏沒有關係。這與西方的研究結果近似。

(三) 閱讀障礙的分類

　　在閱讀障礙分類研究中，學者如Bakker（1994），把閱讀障礙分為三大類：

1. 語言障礙型（L型：Linguistic dyslexia），閱讀困難是因語言認知發展問題而引起的。
2. 知覺障礙型（P型：Perceptual dyslexia），因知覺認知發展而引起的閱讀困難。
3. 混合型（M型：Mixed dyslexia），因上述兩種問題而產生的閱讀障礙。

　　研究指出，在拼音語系的社會中，L型約佔70%，而P型則約為10%。這個分佈情況切合上文提及語音處理程序缺損為英文閱讀障礙的主要成因。

　　非拼音語系，例如中文，這種分類研究卻非常有限。在一九九

年，楊志偉在中國進行了一項研究，利用言語及操作智力（Verbal & Perform and IQ）為患有讀字障礙的兒童分類。研究結果與西方拼音語系社會情況有明顯分別。結果顯示只有35%屬於語言障礙型，約為拼音語系社會的一半，而知覺障礙型佔36%，較西方研究多出約20%。在臨床上，根據油麻地兒童精神科最近的一項調查，在閱讀障礙個案中，約58%可歸納為知覺障礙型，而語言障礙型只佔約18%。因此中文閱讀障礙的成因是否較多由於在右腦知覺功能缺損而引起，則仍有待進一步研究。

書寫障礙（Writing Disorder）

㈠徵狀

據西方精神病學診斷及統計手冊（DSM-IV, 1997）的定義，書寫障礙包括兩方面：寫字及文字表達。寫字方面的障礙包括字型控制困難及寫字速度緩慢；文字表達方面包括文法錯誤、段落組織欠順暢等障礙。如果兒童只是在寫字方面出現問題，而問題是由於肌肉協調困難而產生，那麼他有可能只是患有肌肉協調發展障礙（Developmental Co-ordination Disorder）。

㈡成因

書寫障礙的研究，無論中西方都非常缺乏，而發病率也並不清楚。一般而言，書寫障礙常與其他學習障礙——尤其是閱讀障礙同時出現。至於成因，一般相信是與腦功能異常有關。

患有書寫障礙的兒童在學習上常出現的情況如下：

1. 學習活動三指執筆（Dynamic tripod grip）困難；

2. 寫字容易疲倦；

3. 雖然重複溫習多次，筆畫次序仍經常出錯；

4. 字體潦草、字型比例欠平均或大小不一致、反轉或顛倒部件（radical）及字體；

5. 抄字經常錯漏；

6. 寫字速度十分緩慢。

讀寫障礙的評估

整體評估分為兩部分：

(一)背景資料

從家長、學校及兒童本身蒐集有關的資料，包括兒童的成長歷史、行為、情緒及學科成績的一向表現，主要用作判斷兒童是否有其他行為、情緒及精神問題以致直接或間接地影響他的讀寫表現。研究指出，患有學習障礙的兒童也較可能同時患上其他症狀，例如語言發展緩慢（Language Disorder）、過度活躍（Attention Deficit & Hyperactivity Disorder）、注意力缺損（Attention Deficit Disorder）、行為問題（Conduct Disorder）及情緒抑鬱（Major Depressive Disorder）等。這需要清楚分辨，以便作出適當治療計畫。

0
2
8

(二)臨床觀察及測試

　　測試範圍涵蓋讀寫能力、智力及其他基礎能力（如視覺認知、語言發展、肌肉協調）。這些測試需經由受過訓練的專業人士（例如心理學家、職業治療師等）執行。若這些測驗是經過當地標準化過程，以致受測試者的成績可以與其他同齡的兒童做比較，效果則較理想。在香港用作評估讀寫障礙的標準化測驗並不多，當中包括香港韋氏兒童智力測驗（HK-WISC）及香港讀寫障礙測驗（HKT-SpLD，何淑嫻等，2000）。許多時候，因情況所需，很多未經標準化的測驗也會被使用，在這種情況下，測試員必須小心評估所得成績的可信性及參考價值。

　　讀寫障礙的評估及診斷並沒有一套絕對的標準，一般評估的準則包括以下三方面：

1. 在標準測試中，閱讀及寫字的表現較同齡兒童相差一年或以上。例如測試結果顯示一個十歲兒童只有九歲或以下兒童的讀寫能力；
2. 臨床觀察及評估，未發現有情緒或視聽問題；
3. 智力屬正常。

　　總括而言，如果測試的結果同時顯示以上三項情況，評估的專業人士會推斷該兒童可能患上讀寫障礙。

案例

　　小欣，女，七歲，小一學生，自幼稚園開始被形容為「沒有記

性」，常忘記學過的中英文字，要媽媽不斷替她重溫。她在幼稚園成績尚可，但升上小一後，各科成績特別是中國語文均遠落後於同班同學，老師也投訴小欣集中力較散漫，常常不能專心上課。在評估過程中，小欣表現得非常合作，她也很緊張自己的表現。評估結果顯示她的智力屬平均組別，但她的語文智商（Verbal IQ）是明顯高於操作智商（Performance IQ）。在讀寫障礙測驗中，小欣在識字、讀寫速度及默字三方面的表現均遠低於同齡兒童，她犯的錯誤多因混淆近似的字，例如把「目」作「日」、「清」作「請」；在字型結構測試中（Orthographic Knowledge），她辨認真字與假字的能力（Lexical Decision）也較弱；然而，她在語音方面的辨別及記憶能力（Phonological Awareness & Memory）是屬中上的；在視覺感知的各項測試中，小欣在辨別形狀／背景（Figure-ground）及形狀恆常方面（Form Constancy）則明顯比較落後，這顯示她在仔細分辨圖形（Visual Discrimination）方面是有困難的，因此她在識別近似的中文字時常常出現錯誤。總括所得資料，小欣閱讀障礙的主因是由視覺感知困難而產生的。

讀寫障礙治療

讀寫發展障礙近年在香港漸為公眾重視，但治療方面的發展仍處於初階，加上讀寫障礙在中文語系社會的研究有限，故目前香港在這方面的治療方法仍有待發展。

香港葵涌醫院油麻地兒童精神科日間中心目前正為患有讀寫障礙的兒童提供訓練治療。利用跨專業的合作模式，工作員包括教師、職

業治療師、精神科醫生及臨床心理學家，針對讀寫發展障礙兒童的需要，提供個別化的訓練。訓練內容包括中文及英文閱讀和寫字技巧。

(一)理念

雖然讀寫障礙是由於先天性腦部缺損，而這缺損暫時是沒有藥物可以醫治；但透過訓練和環境支援，情況是可以改善的。由於每個患有讀寫發展障礙的兒童都有其獨特的地方，因此訓練課程要因應個別兒童需要而作出修改及設計，才能發揮最佳的效果。

訓練重點之一是利用培訓訓練員模式（Train the Trainer Model），鼓勵父母積極參與，與兒童一起接受訓練，務使父母成為工作員的最佳夥伴，把訓練帶到兒童日常的家居生活中。而且透過訓練，父母更能理解兒童的困難，同時學會接納及幫助他們的子女。

(二)目的

1. 提高兒童對中英文閱讀和書寫的動機及興趣；
2. 增強兒童的閱讀及書寫能力；
3. 增加父母對兒童的了解及訓練讀寫的技巧。

(三)內容

1. 中英文閱讀及書寫訓練；
2. 家長心理教育，認識讀寫障礙及協助技巧；
3. 應用行為療法（Behaviour Modification）提升兒童對學習的信心、動機及興趣。

以下是本中心閱讀及書寫班的訓練程序：

1. 中文閱讀訓練

為幫助學生克服學習的讀寫障礙，本中心在過去兩年間特別設計了一套為期約三個月的中文讀寫訓練課程（以下簡稱為讀寫班）。為提高學生在學習上的興趣和動力，減低他們對讀寫中文之恐懼，老師嘗試將遊戲、比賽形式加入課程內容，希望藉此幫助學生在小組建立一個愉快的學習環境，增加學生「成功」的經驗，從而使他們更有信心和推動力去改善及面對個人之閱寫障礙。

本中心之中文讀寫班一般由三至四位程度相當的小學生以小組形式進行，每星期二節，每節九十分鐘，為期約三個月，總共二十四教節。為使家長了解更多學生的讀寫困難，以及能於課後協助兒女溫習，上課期間通常也會要求家長同時學習。小組開始前，老師會先個別約見家長和學生，並於首次面談時，邀請學生完成一份評估練習（此評估練習之設計，純粹為幫助老師初步了解學生認讀、默寫的程度及其能力、表現等等），一星期後便可正式開始以小組形式上課。課程結束前，老師同樣會再給予學生另一份評估練習，希望了解他們經過三個月訓練後的進度。

本中心中文閱讀訓練課程目前可分為初級班與進階班。初級班是基礎班，主要幫助學生從漢字的音、形、義三方面去認識及掌握中國文字的特性，繼而改善他們的識字能力。課程內容主要環繞：1.部首，2.筆畫，3.筆順，4.字型結構，四個範圍。

以上各部分均為讀寫中國文字的重要基礎，但對於一般患「讀寫障礙」的學生來說，這可能是既沉悶又難掌握的課題；因此，老師特

別將之取名為「有趣的部首」、「中國文字由來知多少」、「筆畫要分明」、「筆畫有規有矩」等主題，藉以吸引學生在小組活動或練習中，有興趣進一步了解中文字的結構，從而加強他們記憶字形與字音的聯繫。

進階班的閱讀訓練則為針對學生在認讀上有顯著的困難而設（例如認字能力較弱、認識的詞彙很少、溫習多次也未能牢記讀音等），他們的主要障礙在於對「聲」或「義」的途徑有阻塞，而就他們的弱點，可分別善用「義的途徑」去集中教導識字（例如同部首字彙中，「草、花、葉、苗」大多為植物），這樣可有助減輕他們的識字記憶之負擔；另一方面「聲的途徑」則是指把一系列同音字或近音字歸類（如「清、晴、睛」），使學生留意各字的讀音，明白它們均以「青」為主來發聲，並再伸延至其他字例。閱讀班課程中會選取一些有趣故事或詩歌作課文，並配合以上理念、方法作練習，引導學生由淺入深去掌握字形、字音之聯繫，增強他們對字的記憶，從而改善認字及閱讀的能力。

案例

小聰就讀於二年級，由於本身學習能力稍弱，加上認讀困難，故應付校內默書、測驗和考試時一直頗吃力。他平日多會逃避書寫，也慣以「不知道！」作回應。

在入組訓練前的評估中，他在認讀能力比同組同學明顯較弱，就連一些常見簡單字詞的讀音，如「眼睛」、「學校」也表示不肯定，故此更難於朗讀句子或短文。此外，在書寫時，字體雖然尚算清晰可讀，惟他完全不依筆順，也不懂數算筆畫，默寫成績更是差強人意。

在三個月的讀寫班學習期間，小聰初期因怕錯漏而不太願意參與，但後期在課堂活動中漸見積極和主動，且能認真完成每次的書寫練習和改正。

最後，在小組結束前的一次評估練習中，可見他已開始掌握筆畫和筆順的規則，書寫速度雖仍稍慢，但能留心謹慎錯漏，準確地數算筆畫，此外，由於他對部首有進一步的認識，故也較有信心去嘗試認讀或書寫字詞，並且於指定時間內盡量完成每頁評估練習，相對以往的表現來得積極及認真。

畢竟鑑於學生本身的語文基礎欠理想，原校內之成績也未必可於短時間內有明顯進步，惟老師能體會到更重要的是他現階段能增加信心去嘗試，開始敢於面對自己的錯漏，克服在讀寫上的困難，將有助日後持續的學習和改進。

2. 英文閱讀訓練

本英文班特為有英文讀寫障礙的小學生而設，共三十節，每節一小時半，分兩階段進行（初級班和進階班）。目的是幫助他們消除對學習英文的恐懼或厭惡，培養他們對學習英文的興趣和信心，並希望藉此重建他們備受挫敗的自信心。

由於這些學生在掌握英文字語音的能力（phonological awareness）較弱（Lindamood, 1985; Hatcher et al., 1994; Gillon and Dodd, 1997），加上英文並非他們的母語，故他們往往不能把英文字正確地讀出來，更遑論明白字的意思。這課程主要針對他們這方面的困難，從語音訓練（phonological skills training）和詩歌朗讀（reading

practice）（Hatcher et al., 1944）著手，教導他們英文字母、音素
（phoneme）、拼音、押韻和音節劃分，並要他們每天朗讀詩歌，藉
此幫助他們解決讀字上的困難，好讓他們擴大能讀和聽懂的字彙，作
為學習英文基礎的第一步。

　　在班裡，同學先要認出二十六個英文字母的字型和讀音，完全掌
握這些字母的先後次序及每個字母的聲音（letter sound），例如：b的
聲音是 /b/；分辨他們時常混淆的字型：b, d；p, q；I, l 等。然後就是
學習拼音的技巧，即是按英文字的字母排列次序把 letter sounds 拼成
字的讀音，例如 dog 就是由 /d/ /o/ /g/ 拼成 /dog/；學習押韻字能幫助
他們找出押韻字之間的字音關係，是增加能讀字彙的好方法，例如：
dog, fog, log；接著就要學習音節劃分，例如把 picnic 分為兩個音節：
pic / nic，懂得音節劃分有助於讀字和默寫。若他們能掌握以上的知識
和技能，便可以讀較多的字；當他們發覺他們自己可以做得到，便開
始對學習讀英文較感興趣。另一方面，朗讀英文詩歌，也是很有效的
學習英文方法，學生漸漸發掘出英文字的趣味性，增加閱讀的興趣和
信心，提高朗讀的流暢程度和準確性。

　　有讀寫障礙的學生須透過不同的感官去學習（multi-sensory
learning）（Hulme, 1981; Bryant and Bradley, 1985; Thomson, 1989），
也需要明確扼要的提醒和指示，方能增加學習的效果，加深記憶：用
顏色把英文字母突出（例如 dog）；用沙紙製成字母卡，讓學生用手
去感覺字型；用圖像協助學生記憶字音及字型（例如：　　d　）；播
放 CD 和看圖書以協助學生同時利用聽覺和視覺來學習詩歌的正確讀
法；用手指指著閱讀中的字，以免混淆行數和字的位置，這樣他們便
要同時用眼和手學習，也要用耳聽自己的聲音，使學習更具體和更深

刻；至於遊戲更是不可缺少的活動。此外，辨清方向和次序也是學習的重要一環，例如：on 和 no 就常會混淆，必須提醒學生注意字母的先後次序。老師也為學生編制了一套簡單、清楚的字音卡，由A~Z，讓孩子時常溫習，也可作提示用。

由於班裡的同學記憶能力較差，因此他們要天天朗讀詩歌和溫習作業，這樣每天重複溫習，可協助加深記憶，使所學的概念或技能成為孩子長期記憶的一部分——「已儲存檔案」。這時，學生便可開始默字的練習。

案例

輝仔是一個小五生，他的智商在 109 至 123 之間，但學業成績很差，功課也做得很慢，在英文方面未能按順序唸出或默寫二十六個字母，混淆 b, d, p 等字型和字音，串字能力也很弱，不懂默寫 chair, table, pen 等淺易的英文字。

他參加英文班的課前評估時，在跟老師傾談中表示對學習英文是「一看到英文字便很苦惱」。但他在上本班的課堂時，卻出乎意料地表現得專注好學、遵守規則、對人有禮，並積極發問，且回家每天溫習本班的作業。漸漸地，他已開始掌握到拼音的技巧，課程完結時，他能讀的字彙，已由初時的十八個增至六十九個（讀字表內含一百一十個英文字），能辨聽簡單的英文字音並填寫出來，如 dental, body, pick, look，更表示「現在看到英文字也不再害怕了」。

雖然他的母親不懂英文，但每次都應邀和孩子一同上課，回家後也天天和孩子一起溫習，她還說：「雖然我不知他是否讀對，但起碼他開始有興趣、肯去讀，我很想讓他繼續上進階班。」輝仔也表示他

想繼續參與這系列的課堂：「雖然這樣我會錯過最愛的體育課，但也無所謂吧！」

3. 書寫訓練

職業治療師在訓練前會評估兒童的肌肉運動技能、手眼協調、視覺感知、書寫坐姿、握筆姿勢、字體易讀性、一般學習能力和專注力等，從而設計出針對性的治療活動。活動可以小組或個別形式進行，每節約一個半小時，一般每星期一至二節，約共十六至二十四節。

治療活動簡略可分為大肌肉活動、小肌肉活動、矯正握筆姿勢及視覺感知活動。

a. 大肌肉活動

大肌肉活動著重訓練手臂的力量，協調肌肉關節感。活動包括有俯臥乘滑板、手推人力車、模仿動物爬行、拔河、投球、擊球、跳房子、障礙賽、分腿跳躍、盪鞦韆等。

扮蟹行　　　　扮海獅　　　　　　手推人力車

職業治療師根據兒童的能力設計具挑戰性、有趣味的活動，活動過程著重他們的積極參與。

b. 小肌肉活動

　　小肌肉活動包括由職業治療師設計的活動，有大力賽（手扣手，手推手，或手指扣手指）、手指玩偶、手指尖搓泥膠、震震筆畫畫、夾夾子、畫牆畫、噴畫、撕紙或撕膠紙比賽等。

　　此外，治療師會改良一些時下流行的玩具的玩法或姿勢，務求讓活動可以有訓練效果〔手眼協調、手指靈活性、手指（前三指）力量、手腕外張力、肌肉關節感等〕，例如氣墊球、波指機、用筷子玩四連環、波子棋、紙牌等，這可增加活動的趣味性。

c. 握筆姿勢

　　研究資料（Case-Smith & Cornhill, 1996）指出三指握筆法（dynamic tripod grip）是最有效的握筆法。兒童不良的握筆姿勢會影響他們的書寫速度、耐力和字體易讀性，但兒童往往因為手指力度不夠，手腕外張力及手指靈活性不足而不能夠用三指握筆法書寫，若家長單單只要求孩童用三指握筆法而忽略錯誤握筆姿勢背後的困難，後果往往弄巧成拙。職業治療師先分析兒童握筆姿勢不正確的原因（例如手指力度不足，以致用拇指夾著筆桿；肌肉關節感差以致握筆太緊或太鬆），然後加以訓練，再附以握筆工具，如開始用三角筆以正確姿勢畫一些簡單線條後才應用於書寫文字上。

d. 視覺感知

　　視覺感知障礙影響兒童書寫字體部件比例大小不正確、寫字出界或漏字。訓練分兩部分，一是畫線和寫字練習。市面上的練習如Teodorescu Perceptual-motor Programme（Teodorescu, 1996）臨床研究顯示對改善兒童的視覺感知很有幫助，它透過繪畫不同圖案、線條，由淺至深逐步提升兒童的視覺感知能力。

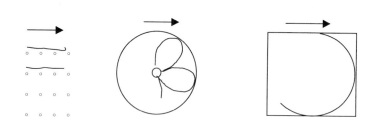

當兒童掌握了一定的視覺感知能力，便可開始書寫訓練包括辨認字體的基本結構，例如上／下 形 李，左／右 形 林，內／外 形 困，然後再根據字體的結構，把部首比例寫在方格紙上，方格紙最初可給與一些視覺提示如 李，慢慢才要求兒童不用提示下也可按字體的結構和部件寫出字體如 李。除了畫線和書寫訓練外，職業治療師也會透過一些活動如尋寶遊戲、堆積木或一些相關的電腦光碟訓練兒童。

e. 家長訓練〈參與〉

家長在訓練過程中是重要的成員，職業治療師會要求家長一同參加訓練，這可使家長更了解兒童的書寫困難，也可透過治療師的示範和講解學習不同的訓練方法，以應用於家居訓練中，他們的參與對兒童來說也是一種鼓勵。

f. 家居訓練

治療師每次訓練後會給予家居訓練，要求兒童在家中可繼續練習訓練項目，讓兒童可以內化（internalize）所學習的技巧。其實兒童在繁重的功課中，要兼顧家居訓練是一件吃力的事，治療師會選擇一些有趣味的活動或玩具作家居訓練，務求達到從遊戲中學習的效果。此外，也可配合一些獎勵計畫，以加強兒童對家居訓練的興趣。

改善書寫障礙是一個漫長的過程，必須循序漸進，有恆心地練習

才有成效。

案例

明仔今年八歲，就讀小學三年級，他寫字字體歪斜，筆畫不直，常常寫出界，他除了有書寫障礙之外，也被診定為患有發展性協調障礙（Developmental Coordination Disorder），以致他的行動頗笨拙，容易跌倒，自理能力也不佳。他握筆姿勢很差，用四指握筆，手指握筆時不能靈活移動，而且手腕向內彎曲。但他的視覺感知能力很強，能迅速地指出自己字體與原文的不同，如某些筆畫太長、斜度不足等。他也很介意自己寫字出界，常常塗改，卻苦無能力控制。

評估結果顯示，明仔的手指握力很弱，手指的靈活性和手眼協調也低於同年齡的水平。另外因為發展性協調障礙的影響，他不能保持一個良好坐姿，常不自覺地伏在桌上。

針對明仔的大肌肉和小肌肉技能困難，治療師先著重大、小肌肉技能訓練，當他的手指握力、靈活性、上臂運動協調都有進步的時候，才開始矯正他的握筆姿勢，也隨著他手眼協調的進步，字體的易讀性也進步了。

結論

香港是一個中英並重、兩文三語的地方，在這個特殊環境下，幫助讀寫發展障礙的兒童是極具挑戰性的。我們需要掌握漢語讀字障礙的獨特性，了解西方的研究，把西方的訓練本土化，從而使評估及治療事半功倍。

　　油麻地兒童精神科提供的讀寫訓練課程已有兩年多,在這段期間中,我們不斷摸索及更新,以提高訓練成效。整體而言,家長及兒童對治療的反應是正面和積極的。雖然每個參加的兒童在讀寫方面的改善程度各有不同,然最可喜的是目睹他們重拾對閱讀及寫字的信心和興趣。

參考書目

American Psychiatric Association (1994). *Diagnostic and Statistical Manual of Mental Disorders*, 4th edition. Washington, DC: A. P. A.

Bakker, D. J. (1990). *Neuropsychological Treatment of Dyslexia*. New York: Oxford University Press.

Benton, A. L., & Pearl, D. (1978). *Dyslexia*. New York: Oxford University Press.

Bryant, P., & Bradley, L. (1985). *Children's Reading Problems*. Oxford: Blackwell.

Burt, C. (1937). *The Backward Child*. London: University of London Press.

Care-Smith, J., & Cornhill, H. (1996). Factors that Relate to Good and Poor Handwriting. *Amercian Journal of Occupational Therapy*, *50*(9): 732-739.

Gillion, G., & Dodd, B. (1997). Enhancing the Phonological Processing Skills of Children with Specific Reading Disability. *European Journal of Disorders of Communication, 32*(2): 67.

Hatcher, P., Hulme, C., & Ellis, A. (1994). Ameliorating Early Reading Failure by Integrating the Teaching of Reading and Phonological Skills: The Phonological Linkage Hypothesis. *Child Development, 65*: 41-57.

Hulme, C. (1981). *Reading Retardation and Multi-Sensory Teaching*. London: Routledge & Kegan Paul.

Lindamood, P. (1985). Cognitively Developed Phonemic Awareness as a

Base for Literacy. Paper presented at National Reading Conference, San Diego, California.

Pennington, B. F. (1991). Diagnosing Learning Disorder. *A Neuropsychological Frame Work*. The Guilford Press.

Teodorescu, I. (1996). *Write from the Start: The Teodorescu Perceptuo-motor Programme*. LDA, England.

Thomson, M. E. (1989). Teaching Programmes for Children with Specific Learning Difficulties: Implications for Teachers. In Elliott, C., & Pumfrey, P. (Eds.), *Primary School Pupil's Reading and Spelling Difficulties*. London: Falmer Press.

楊至偉、龔耀先（1997），〈漢語閱讀技能診斷測驗（CRSDT）的初步編制〉。*Chinese Journal of Psychology*, 5: 158-163.

楊至偉（2000），〈漢言兒童閱讀障礙〉研究發展，香港會議匯報。

第三章 / # 遺尿的孩子

李子超

引言

遺尿是一個常見的兒童行為問題。大部分兒童在五歲前已能控制小便，但有些兒童卻在五歲後仍不能在適當的地方和時間小便。如果發生的次數太頻密，並且持續一段時間，而問題並非因為身體器官異常或病變產生，又或非因為服用某類藥物所引起，則這現象稱為功能性遺尿症（Functional Enuresis）。

大多數的遺尿發生於晚上睡眠中，我們稱之為尿床；小部分兒童在日間小睡也有尿床現象，只有極少數會於清醒時遺尿。而有此問題的男童比女童稍多，比率約二比一。

功能性遺尿症可分為原發性和繼發性兩大類。原發性遺尿患者自小至大一直有尿床問題；繼發性遺尿者至少有六個月時間完全沒有尿床現象。原發性患者約佔八成。

根據外國研究所得，大約 10% 的五歲兒童，及 5% 的十歲兒童有遺尿問題。而英國惠特島的社區研究發現，有 6.7% 的七歲男童每星期尿床多過一次。但年前香港一個同樣的調查，則只有 2.3% 的七歲男童每週尿床多於一次。一個在香港新界沙田的社區調查同樣發現只有 3.5% 的四歲至十二歲兒童有尿床問題。這證明好像華人比外國的兒童較少有遺尿的問題。

案例

明仔今年九歲，他在一間著名小學就讀四年級，成績中上。他與做公務員的爸爸、教書的媽媽，及在同一學校讀小六的十一歲姐姐居

住於私人屋苑，他與老師們相處愉快。然而老師們發覺他自信不足，且沒有很多朋友。因他自覺有一個不可告人的祕密——從小他就有尿床的習慣。除了家人及外祖父母外，暫時好像沒有別人知道他的祕密。不過，他還是覺得很不安全。兩年前，他已不再包上尿片，因為媽媽說再沒有尿片適合他了。但每晚上床前，他總是要鋪上兩張墊被，中間還要夾上一張膠墊，以策安全，可是大概每七至十天，他總是很苦惱地發現自己已在睡中小便。他與姐姐的感情是很要好的，姐姐在各方面也很支持他。但當他與姐姐吵架時，姐姐恐嚇要將他的問題在學校公諸於世時，他只能立即投降。在週日的親戚聚會中，面對比自己小的表弟妹，他有時也有不如人的感覺，他總認為他們比自己能幹，因為他們「應該」已經沒有遺尿了。

因此，雖然老師積極地鼓勵他參與童軍，但當他考慮到童軍是要「露營」的，再想到他的「難言之隱」，唉，還是罷了！最後，他終於下定決心，他是不適宜做一個活潑外向型的小孩！可是最近兩三個月，他的情況有變本加厲的傾向。每星期有兩至三晚，他都有遺尿的情況。媽媽初時也有輕輕責罵他，情況卻愈見惡化，有一個多星期他竟然幾乎每天都不自覺地在床上撒尿。媽媽覺得忍受不了，便向家庭醫生求教，醫生建議使用星星獎勵表，但實行了一個月後，還是不太明顯奏效，最後，媽媽與醫生商議後，懷疑他有心理上的困擾，遂轉介他到兒童精神科以了解他的問題。

尿床的原因

尿床的病因，至今還未有確切的定論。一般而言，有下列的原

因：

(一)遺傳因素

外國有關尿床的家族研究發現，若雙親皆曾是遺尿患者，他們的孩子有四分之三的機會遺傳此問題，若只有一方曾是患者，他們的孩子有一半機會患上此症。而大部分尿床的兒童，他們的父親、母親或至少一個兄弟姊妹在五歲後，也會有此問題。

當治療師將此事實告知明仔時，媽媽說出原來舅舅在兒時也是會尿床的，直至十一歲後才能克服此問題，明仔知道後，似乎鬆了一口氣。

(二)「血管加壓素」（Vasopressin）分泌不足

「血管加壓素」幫助腎臟排出尿液時，回收大部分的水份，因此身體可以排出更濃縮和更少的尿液。通常血管加壓素的分泌在晚間會增加，因此我們夜間可以排出更少的尿量而不須常常上廁所，而且早晨的尿液是比較黃且有較濃的氣味。可是，有部分尿床的兒童，夜間「血管加壓素」分泌不足，導致尿量增加，多於膀胱可容納的容量，即引致尿床。

(三)身體個別的學習困難

因為小便是這樣自然的、每天都習慣重複地做的活動，很多人沒有留意，原來要能夠適時適當地小便，就像游泳、騎腳踏車或彈琴唱歌一樣，是需要學習許多技巧的。正如我們發現有些小孩，雖然智力很高，但要學懂游泳、唱歌，也一樣會感到困難，需要很多時間；同

樣，有些小孩比其他兒童需要更多的時間和訓練，才可以把小便的技巧控制自如。

㈣錯誤的大小便訓練

如果在嬰孩時期大小便控制不足，過早或過遲進行如廁訓練，可能會導致兒童在較遲的年紀才有控制排尿的能力。

㈤情緒困擾

兒童遭遇到一些重要的生命歷程，如弟妹的誕生、搬屋、轉校，或者被老師責罰、生病等，也會有尿床的情況出現。但是，研究指出大部分尿床兒童的心理是正常的，只有少數的孩子因為尿床而產生心理壓力，影響其日常生活、學業或人際關係。

患有過度活躍症、缺乏專注力、反叛或品行疾患的兒童，也較多有遺尿的問題。

外國研究指出，若尿床者是女童，尤其是繼發性的話，有比較大的機會有情緒及心理上的困擾，應該尋求治療及輔導。

在面談中，當治療師指出很少聽到明仔和媽媽提及爸爸在家中的角色時，媽媽的眼眶紅了起來，明仔則立刻掩起耳朵，表示不欲談及此事。在治療師循循善誘下，才發現原來三個月前爸媽大吵了一架，他們甚至提出離婚，明仔很擔心將來會失去爸爸，不能再在這屋子住下去。治療師用了很長的時間，幫助媽媽向明仔解釋父母的婚姻問題不是與他有關聯的，並非他做任何事可改變的，並且向他保證他的居住及學業不會受到影響。

㈥其他生理因素

例如尿道感染，先天性神經脊髓或泌尿系統疾病，只佔一個極少數的原因，而大多可以在初步的身體檢查時發現，加以處理。

㈦很多家長認為兒童尿床是因為他們睡得太熟的緣故

但根據尿床兒童的臨床睡眠研究發現，其實尿床情況是平均分佈在所有的睡眠週期，即在淺睡期、沉睡期及眼球急速移動（Rapid Eye Movement REM）——發夢時產生，因此兒童尿床並非因為睡得太熟不能起床所致，而是兒童睡覺時大腦神經對膀胱壓力增加的警報系統發展不夠成熟，不能及時制止小便排出，或者警報不夠強烈至可以喚醒兒童在膀胱滿瀉前起身小便。有時這警報系統只能有限度地生效，令兒童在睡中急尿時轉身多一點，或者只能令兒童在半醒半睡的狀態下，起床走到不適當的地方，如房間角落，或者廁所門口小便，令家長以為他們故意搗蛋，使其受到不必要的懲罰。

這警報系統在陌生的環境時會變得更有效率，因此很多大人有在陌生房間被細微聲響驚醒的經驗。同樣，尿床兒童在旅途的酒店，或親友家中暫住時，他們很多時候便暫時不會尿床，但他自己或家長始終很擔心會把人家的床鋪弄得一團糟，因而犧牲了許多這種機會。

🌸遺尿的治療方法

㈠首先，應對遺尿的兒童作一詳細的身體檢查，以確定此病是否由其他器質性的病因如羊癲症、糖尿病、脊髓神經系統或泌尿系統所

引起的，並須留下中間小便作細菌培植，以確定是否尿道感染的問題。

㈡其次，應留心兒童有否心理或情緒困擾，例如畏縮、學業成績退步、脾氣暴躁，或飲食及睡眠習慣改變等，繼而作出因應的輔導及協助。

㈢大部分兒童遺尿是由於他們在成長過程中，生活上碰到小小困難，需要他們付出額外的努力克服，因而引起的暫時性退化現象。大人實在不須過於緊張或擔心。事實上，每經過一年，大約有三分之一尿床的兒童已克服此問題。因此，只要有充足的耐性，我們期望大部分的尿床孩子是可以在數年內不須特別的診療而自己痊癒的。

㈣若家長及孩子實在很希望儘快克服此問題，可嘗試以下方法：

1. 行為治療

這是較為有效的方法之一。利用夜遺尿頻率紀錄表（或稱作行為治療星星表）（見圖一），可清楚知道尿床的頻密程度及治療進展，家長在兒童沒有尿床的翌日獎予星星，然後作出嘉許及鼓勵，加強他們的信心，這方法療效較為持久，治療率可達六至八成。

2. 尿床感應器（見圖二、三）

當感應器接觸到尿液時便會發出訊號喚醒小孩。這時應立即叫小孩起床如廁，然後熄掉感應器，如廁後，孩子應自行換去濕衣褲及床單，方再回到床上睡覺。利用尿床感應器醫治尿床，在初期尤其須要家人的體諒、合作與協調，在聽到響聲時儘快喚醒孩子，當接近成功時，孩子應能一聽到響鬧，便立即忍住正在溢出的小便，醒覺而起身

去如廁。大多數孩子經過四至六個月訓練後，便不再尿床。

3. 盤腔肌肉訓練（Pelvic Floor Exercise）

　　小便的過程是一個反射動作。當尿液通過尿道時，膀胱肌肉會自動收縮，直至推出所有剩餘的尿液為止。因此，如果要在中途煞止正在流出的小便，便要有意識主動積極地收縮提肛肌及其他盤腔肌肉，以封鎖尿道的出口。因此，盤腔肌肉的括約肌是把守尿床最後的一關，藉著教導孩子鍛鍊這方面的肌肉（方法就像懷孕母親的產前運動一樣），孩子會對小便的流出更加敏感及更有效地制止正在流出的尿液。

　　筆者認為，結合尿床感應器、星星獎勵表及盤腔肌肉鍛鍊是最有效的方法，而且孩子的參與感也較高，間接在成功後提高了孩子的自信。但是，有時家長沒有充足的時間與精力去協助孩子進行這一連串複雜而漫長的治療過程，或者孩子本身有其他例如過度活躍症等行為問題，家長日常為管教他們已弄得筋疲力竭，簡單的藥物治療不失為一良好的選擇。

4. 藥物治療

　　通常至少等待孩子滿七歲後方值得使用。可選擇的藥物包括三環抗鬱劑（Tricycle antidepressants）、抗膽鹼類藥物（Anticholinerqic）或去氨加壓素（DDAVP）等，大概六至八成的兒童，服用藥物後可以有效控制尿床情況，但停藥後有復發可能。

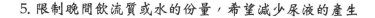
0
5
2

5. 限制晚間飲流質或水的份量，希望減少尿液的產生

但尿床通常是由於身體對膀胱滿溢的反應不夠敏捷或不夠有效率，而並非是膀胱容量太小不足以容納所有的尿量。因此限制飲水量反而不能有效地訓練擴大膀胱的容量，而長遠減少尿床的發生。但是，若家長發現某幾種食物或飲品會令某個孩子有更頻密的尿床情況，在睡前避免進食或飲這幾類物品也許可以幫助減少尿床的機會。

6. 晚間提早喚醒孩子小便（lifting at night）

很多家長為了避免孩子半夜弄濕床，會計算在他可能尿床前的時間，喚醒他小便。但這並不十分有效，因為它鼓勵孩子依賴父母喚他起床，而不能訓練小孩獨立應付的能力。若真要嘗試的話，可儘量每天在不同的時間例如星期一三點半、星期二五點、星期三四點十五分等，或用不同的方法，例如不同的鈴聲及不同的人（例如某天是媽媽，另一天是爸爸）去叫醒他，避免他養成習慣。

星 星 表

在孩子沒有尿床的日子獎勵一顆星星

第一個月

星期日	星期一	星期二	星期三	星期四	星期五	星期六
1	2	3	4	5	6	7
8	9	10	11	12	13	14
15	16	17	18	19	20	21
22	23	24	25	26	27	28
29	30	31				

第二個月

星期日	星期一	星期二	星期三	星期四	星期五	星期六
			1	2	3	4
5	6	7	8	9	10	11
12	13	14	15	16	17	18
19	20	21	22	23	24	25
26	27	28	29	30		

第三個月

星期日	星期一	星期二	星期三	星期四	星期五	星期六
					1	2
3	4	5	6	7	8	9
10	11	12	13	14	15	16
17	18	19	20	21	22	23
24	25	26	27	28	29	30
31						

第四個月

星期日	星期一	星期二	星期三	星期四	星期五	星期六
	1	2	3	4	5	6
7	8	9	10	11	12	13
14	15	16	17	18	19	20
21	22	23	24	25	26	27
28	29	30				

圖一

圖二

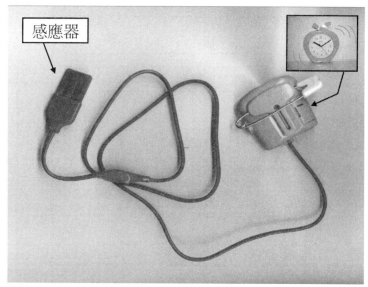

感應器

圖三

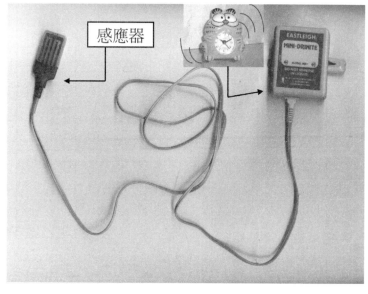

感應器

參考書目

Bengstsson, B., & Bengstsson, M. (1996). Childhood Enuretics in Adult age: A Long-term, Retrospective Follow-up of 88 Enuretic Children. *Proceedings of the Third Children's Continence Symposium*. Australia, 1995 Oct 16-17. Wells Mediacal Ltd., chapel Place.

Ollendick, T. H., & Schroeder, C. S. (Eds.), (2003). *Encyclopedia of Clinical Child and Pediatric Psychology*. New York: Kluwer Academic/ Plenum Publishers.

Roberts, M. C. (Ed.) (2003). *Handbook of Pediatric Psychology*. (3rd ed). New York: Guilford Press.

Philip C. Kendall 著，唐子俊等合譯（2004），《兒童與青少年治療》，台北市：五南。

Douglas A. Riley 著，簡冬青譯（2003），《心靈捕手如何幫助憂鬱的孩子》，台北市：新手父母。

葉春杏（2003），〈藝術治療團體對喪親兒童復原歷程之研究〉，台北市立師範學院碩士論文。

第四章

「瘦身男女」
之陷阱
——進食失調症

廖暉清

引言

踏入西元二千年，相信「厭食症」及「暴食症」的名詞對香港人來說已經不再陌生。自從二千年六月，香港進食失調中心成立後，我們除了提供專業的治療外，更致力推行公民教育，透過傳媒、報章雜誌，以及講座等活動，務求令更多人進一步認識何謂進食失調症，及糾正過往一般人對此症的誤解，從而正視這在香港日趨嚴重的問題。

由中心成立至二○○一年九月止，一共有接近三百名患有進食失調症的朋友求助，大部分患者是女性，當中有九名是男性，有趣的是他們患病的原因大都與女性相似，或與減肥有關。另外，我們在探索患者的病歷時，不難發現她們大都是在中學時代的青少年期開始誘發此症；在過去一年求助個案中，共有二十名患者年齡介乎十一至十六歲，她們全都屬於及早求助的一群，故此痊癒率較高及較快。

何謂進食失調症？

進食失調症最常見的有厭食症及暴食症，根據美國精神病協會的斷症手冊（DSM-IV），厭食症患者的病癥如下：1. 與平時的體重比較，體重驟降至少 15% 或以上；2. 刻意壓抑食慾，拒絕進食，維持比標準輕的體重狀態；3. 女生月經連續三個週期停頓；男性則喪失性慾；4. 對自己身型產生扭曲的形象，即身體已經很消瘦，但仍覺得自己很肥胖（註一）。

由於香港女性整體身型較西方的女性為小，故其體型指數（Body

Mass Index, BMI）的診斷標準可下調至 16.5 會較為適合（註二）。
BMI 的計算方法為：體重（以公斤計）÷身高（以米計）平方，即是
＝（kg／m²）。

　　厭食症大致分為兩種：一是大多人認識的約束型，顧名思義主要
靠約束食慾及食量去不斷減輕體重；另外一種是暴食型厭食症，這是
較少人認識的。厭食症患者在初期一段長的時間壓抑自己的食慾及食
量，但他們生理上是極其需要食物補充及支持自己的體力，對食物有
強烈的渴求，藉以滿足自己及抵銷長期的饑餓感，最後便全面失控地
大吃一頓，內心充滿罪疚感，從而再壓抑自己不可進食。這正是永無
止盡的溜溜球效應，若不加以正視，情況便會沒完沒了。

　　另外，暴食症對患者的影響也不容忽視。根據美國精神病協會的
斷症手冊（DSM-IV），暴食症患者的病癥如下：1.一星期內最少有兩
次失控地狂食，而份量比平常為多，並於大約兩個鐘頭內吃畢大量食
物；2.他們有著強烈的失控感覺；3.用不合宜的方法來抵銷上升的體
重，若屬於嘔瀉型類別，他們會摳喉、濫用瀉藥、利尿劑、去水丸及
減肥藥等方法減輕體重；若屬於非嘔瀉型類別，則會瘋狂地做運動或
循環不息地節食來抵銷熱量及脂肪；4.以上情況維持了三個月或以
上；5.經常批評自己的身型及體重，即使已很窈窕，還是嚷著要減
肥。

　　很多人認為暴食症患者的情況與厭食症患者相比應沒那麼嚴重，
至少他們不會消瘦致死，但現實卻反映出他們所過的生活，其實比死
更難受，十居其九都痛恨自己為何過著非人的生活，完全不在自己的
掌握之中。由於長期處於不能自制的生活中，暴食症患者容易情緒低
落，脾氣暴躁，容易因細故發脾氣，內心又充滿罪疚感，過著明知故

犯的生活，故此經常孤單一人，怕他人見到自己暴食，遂漸漸疏遠身邊的朋友。部分患者流連街上大小食店，對麵包尤其喜愛；走進不同的店舖裡買食物，正是他們所謂的「掃街」，他們甚至會自嘲地道：「不理會食物的優劣、合適與否，只顧吃進肚裡。」但從他們自嘲的面容上，卻流露出萬分的無奈及無助。

從臨床的經驗中，不難發現「暴食」在患者的生活中發揮了四大作用：1. 減壓；2. 情緒渲洩；3. 解悶；4. 享受食物所帶來的快感。這大大令患者無形中對食物又愛又恨，難捨難離。

誰對誰錯？誰是誰非？

筆者相信認識進食失調症的醫護人員及患者的家屬和朋友，都十分認同進食失調症的成因可謂千奇百怪，不同患者會有不同的因素誘發此病。

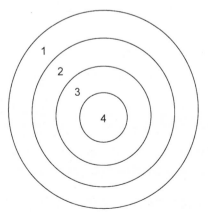

1. 社會風氣
2. 學業、工作、感情及人際關係
3. 家庭因素
4. 自我個性

圖一：小圈子

　　筆者嘗試以「小圈子」的形式（圖一），帶大家深入探討進食失調的問題。

㈠社會風氣：瘦身旋風

　　「減肥」這兩個字，對香港人而言已十分生活化，成為茶餘飯後不可缺少的話題。我相信早在十年前，香港的女孩子對「減肥」這兩個字仍會非常敏感，即使真的正在減肥，也會羞於告知別人，只會靜靜地進行，深怕會被人嘲笑及感到尷尬。誰知踏入二千年的香港，「減肥」的風氣不但有增無減，甚至於變相採用了看似更積極的動詞——「瘦身」，即無論你是肥胖與否，都可以加入「瘦身」大行動。香港人已不再羞於在人面前承認減肥了，因他們正在「瘦身」，大部分女孩子都說：「追求瘦身是很正常的，要追趕潮流啊！」故此，很自然地，另一股壓力又出現了：「那麼我看似肥胖，但我又有正常飲食，沒有加入瘦身大行動，這是否不正常呢？」我深信這就是現今少女們斬不斷的煩惱，卻又永遠答不完的問題。

　　站在治療師的立場，當然不願意看到少男少女們因過分著重減肥而陷入進食失調的生活中，但我卻也深深體會到這種壓力以及那股無處不在的「瘦身旋風」的威力直迫他們。每當我翻開市面上的雜誌時，那股「瘦身旋風」簡直令每個少男少女們都透不過氣來。我驚歎多本雜誌每一期都有超過三分之一的篇幅刊登瘦身產品及減肥中心的推介，而封面主題總喜愛以瘦身後的藝人作模特兒，然後大肆標榜如何在一段短時間內極速減肥以達至纖瘦的效果。這種風氣在整個香港社會氾濫，以致少男少女們難以在這股風氣下找到定位，唯有跟著潮流走才不至於迷失。這正是香港青少年最大的毛病，也是我們最大的

無奈及擔憂。

我們絕不反對健康及合乎理由地減肥，但遺憾的是很多患者減肥心切，選擇服用安非他命類的減肥藥、摳喉，或過分節食來減肥，無形中不停地傷害自己的身體；有些本身已經很瘦，還不停地嚷著要減肥，甚至減到不知終站，從而患有嚴重的厭食症。

「瘦就是美」本來只是現今社會的文化潮流，沒想到卻同時衍生出更多進食失調的問題來，使很多人不知不覺跌落厭食及暴食的陷阱中。

(二)學業、工作、感情及人際關係

事事追求完美和極度的執著是大部分進食失調症患者的特質，故此他們無論處身任何環境，在處理學業、工作、感情及人際關係時，所面對的壓力比任何人都大。由於他們每日竭力地在這個不完美的世界去追求完美，卻只會不停地發掘到自己的不足之處，而埋沒了內在的潛質；他們又只懂批評自己，常在雞蛋裡挑骨頭，看不見自己的優點和不懂欣賞及愛惜自己，以致在學業、工作、感情及人際關係上總覺得不盡人意；最終令自己常處於失落的情緒當中，並刻意抽離自己，逃避群體的活動，與朋友漸漸疏離，性格漸漸變得孤僻。

(三)家庭因素

在中國人的社會裡，一家人同桌吃飯是一個很重要的環節，代表可以聚首一堂，共享天倫。但無奈地，對進食失調症患者的家庭而言，每晚同桌吃飯猶如一場飯桌戰，當中充滿無比的壓力，不止息的抗衡。飯桌中的無聲抗議，慢慢演變成單單打打（諷刺攻擊）的聲

音，觸發成一場罵戰，家人及患者無形中對飯桌產生一份強烈的恐懼，每晚都戰戰兢兢地預備加入戰場。

究竟是什麼會令一張平凡無奇的飯桌，堆砌成一幕又一幕的爭戰場景呢？當你有機會與患者的家庭見面時，答案便會顯而易見了。你不難發現患者與父母的關係缺乏了兩大重要的元素——聆聽與溝通。其實患者的父母大都很關心及愛護自己的子女，同樣地，大部分進食失調症的患者骨子裡十分孝順，但遺憾的是，當父母和子女之間缺乏健康的溝通時，不知不覺地，兩代之間便存有嫌隙，而當中的誤會更成為關係和好的一大阻力。子女們由於害怕父母過敏的反應，所以大都不敢坦言表達內心的感受和意見，「吃與不吃」便成了患者一種無聲的表達、情緒的渲洩了。這種情況，在厭食症患者的家庭甚為普遍，父母管教子女的模式大都傾向於過分保護或操控，使子女常感到被束縛，過著不屬於自己的生活，甚至有患者形容自己如一顆棋子，任由父母佈局，自己卻只須要執行指令，不能有任何情感或抗議的行動，否則便只會被大罵一頓，或換來更嚴厲的管制。另一方面，父母的過分關心對患者來說，無形中形成一股很大的壓力，父母通常以查問及教訓的方式與子女溝通，以致常出現只有父親訓誨，子女無從插嘴的局面，他們往往忽略了聆聽的重要性，故此子女們為了避免批判性的回應，唯有選擇閉口不言，甚至由不說話轉移到不吃飯的行為上。「不戰而勝」是因為我們願意停下來聆聽子女的心聲，而不妄下判斷，作即時的反擊。筆者十分欣賞突破機構所舉辦的「關懷新一代」運動中的口號——「每日暫停十分鐘，聽聽少年心底夢」，電視廣告的呼籲希望能夠喚醒家長們嘗試用耳朵去聆聽子女們的需要及夢想，打開溝通重要之門。

㈣自我個性

在《飲食之謎》一書中，蓓琪‧克勞蒂皮爾以照顧兩位患有厭食症女兒母親的身份，剖析進食失調症患者的內心掙扎，並提出厭食症患者潛在的「習慣性否定狀態」的認知扭曲精神病理原因（註三），腦中有著複雜的思考過程。在我們的個案當中，大部分患者長大後都能升讀大學，他們很聰明、有獨特的才華，但腦海中充滿批判的聲音，只見到自己的不足，卻不懂欣賞及珍惜自己，對自己十分苛刻，總覺得成功是應該的，錯誤是不可原諒的。正如前文所提及的完美主義個性，導致他們每日都處於沉重的壓力下。曾經有一位患有暴食症的女生笑言自己人生有一格言──「世上無難事，只要不顧一切而行！」也有不少患者反問了一個很好的問題：「完美主義有錯嗎？錯在哪裡？」筆者相信完美主義本身並沒有錯，問題在於你如何運用你的完美主義，有否衡量客觀的因素如自己終極的能力、有限的時間、現存的物資等等，若客觀因素容許你達到完美，便去做吧！否則，便要學習變通及取捨了，免得讓自己陷入一個「超越完美的完美主義」的陷阱裡，永遠不服輸，令自己喘不過氣來。有部分患者甚至會喪失自我，勉強自己配合他人的需要，要自己表現得完美去達至他人的要求，努力成為一個十全十美的女兒、朋友和學生，活在別人的框框之中。

從另外一個角度來看，他們的責任心極重，對身邊每個人，甚至每件事的需要都有非常銳利及敏感的觸覺，甚至把所有責任扛在自己脆弱的肩膀上，這都是與生俱來的本質（註四）。

筆者從過往的經驗中發現，少男少女應付壓力較負面的方法明顯

有所不同。女孩子傾向有自毀自殘的行為，相反地，男孩子卻會選擇打架或撞擊硬物來向外發洩內心的情緒。部分厭食症患者以節食或斷食來發洩不滿的情緒，而部分暴食症患者則以割腕、割脈、以手指挖觸咽喉以引起嘔吐、吸煙等行為來渲洩，有些更希望藉此使令他不滿的對象產生罪疚感，彷彿要宣告「是你害得我今日如此境況」。他們事後察覺從自毀的行為及表達中會產生一份成就感，像要達到目的地令他人感到內疚，硬把自己推向痛苦的境況中。他們甚至承認有時習慣了「自怨自艾」的生活態度，捨不得離開抑鬱的情緒及困境，渴望他人能憐憫及同情他們。故此，治療的過程中，會著力協助患者洞悉自己不自覺地沉醉在這狀態之中，用正面的思考模式帶患者離開這負面情緒和境況。

總結：生活失調

從以上小圈子的分析，你會發現大都是生活和做人的問題：要面對社會文化「瘦身男女」的大衝擊；在朋輩及同學關係上未能找到定位、肯定自我；家庭裡缺乏良好的溝通；以及自我個性的執著及負面的思考模式。厭食和暴食不期然成了生活上的應對方法（Coping Skill），患者藉著減肥瘦身的效果，建立自信的自我形象來反映這是成功的象徵，同時又以此表達不滿、渲洩情緒和舒緩壓力。所以，治療除了調整飲食習慣外，同時也須要為患者重整生活次序及方向，教他們如何在混亂的生活中找到定位，並學習欣賞自己的才幹及價值，重新過健康及愉快的生活。

> ### 案例

　　玲玲是一位十三歲的中二女學生，個子矮小，身高 1.4 米，初來求診時體重只有二十五公斤，體重指數 13，父母眼見玲玲在短短的一年內，體重少了八公斤，心感驚惶。其實，在玲玲體重不斷下降期間，父母已帶她到保健中心做身體檢查，卻查不出毛病來，結論總是不夠營養或身體吸收不良等。直至她的體重真的跌至二十五公斤時，醫生才開始懷疑她是否患有厭食症，她才正式被轉介到進食失調中心接受治療。

　　一如過往所見的厭食症女孩，初見面時，總是一言不發，面有難色，像滿肚子氣般。從她面容上，明顯知道她並非自願地來接受治療，而父母則掛著擔憂及無助的表情來尋找一線希望。

治療手法：按部就班「八步」曲

第一步：建立良好的治療關係

　　由於大部分厭食症患者都是非自願地來求助，故此，建立良好的第一印象便是成功的開始。初與玲玲見面時，她顯得很不耐煩，滿以為筆者要強迫她吃飯或要送她入院治療，筆者雖曾作了多番引導，她仍堅持不發一言。此時，第一步須要清晰地表明治療師的身份和立場，角色要中立，避免令患者錯覺治療師只會偏幫父母，與她作對。

　　為了取得玲玲的信任，筆者便以中間人的角色去明白玲玲及家人的觀點及感受，並向玲玲強調我們十分擔心其身體會逐漸虛弱，以致

體內功能衰退；同時又以同理心去表示明白她背後必有其原因才引致體重下滑。從玲玲的面容上，筆者察覺她的態度開始軟化，並知道她必有苦衷。

第二步：發掘與探索

雖然玲玲的態度逐漸軟化，但她仍未能放膽剖白其內心掙扎。此時家人所提供的資料便十分重要，可減省及縮短初期評估病因的治療時間。

從她父母口中得知，玲玲是一個品學兼優的學生，中一時她曾考第一名，但與此同時，她體重卻不斷下降。她出生於小康之家，與父母和比她大兩歲的姊姊同住，一家人一直相處融洽，直至中一下學期，家人發覺玲玲進食的份量愈來愈少，母親無奈地表示她主要的食糧就是菜和水，家人累勸不改，愈叫她吃多點，她便愈強硬不吃，很多小女孩坦白地道出：「他們愈要我吃，我就愈不想吃」。玲玲隨後更無聲抗議，板著臉孔對父母。父母也拿她沒辦法，愈勸她，自己便更加生氣，漸漸感到無助及絕望。此外，父親也開始留意到玲玲在家中常做伸展運動，有時候甚至不願意坐下，站起來溫書或看電視，假日時會到運動場跑步及跳繩，這都是玲玲近一年來的生活模式。父母開始懷疑她是否正在減肥，然而當時玲玲的體重比標準還要輕，因此父母也不明白為何玲玲會有以上種種的行為。

玲玲的父母關係尚算良好，只是偶爾會有一些常見的小爭執或意見分歧。雖然父母白天都忙於工作，但整體上對玲玲愛護有加，也能儘量公平對待兩姊妹。故此，父母顯得束手無策，愛過、哄過、勸過、罵過，都未能軟化女兒的硬心腸。

當筆者再進一步了解玲玲的病情時，她只有默默地痛哭，以點頭或搖頭示意，回應筆者的引導，筆者便藉此機會漸漸帶領她洞悉自己的問題所在及病情的嚴重性。

第三步：病理解釋及危機訊號

玲玲雖然態度軟化，但依然未能放下隱而未見的擔憂，只有默默無聲地聽我們的勸告。此時是最好的機會向她及家人解釋其病的病癥、重要的身體危機及禍害，對患者產生警戒作用，提醒他們盡快放棄厭食的習慣及追求。

厭食症對身體的影響包括停經、脫髮、指甲脆弱、皮膚乾燥，面色蒼白或呈黃色，腋毛及陰毛也會變得稀疏，背部到手臂均長滿幼長毛藉以調節體溫；由於長期處於饑餓過度的情況下，胃部縮小，容易感到胃脹和胃痛；肌肉逐漸萎縮，身體常感到軟弱無力，以致經常跌跤及損傷；由於皮下脂肪流失，身體的恆溫系統也備受干擾，體溫降低，不能抵禦寒冷，所以厭食症患者十分怕冷，手腳冰凍；患者心臟縮小，心跳減慢，血壓低，脈搏虛弱，血液循環差，手指發紫；此外，血色素、白血球、血鉀質及血糖都會下降，患者容易貧血、頭暈、疲倦及受到細菌感染，甚至會休克。對於在學時期的少男少女，治療師必定會告知他們，在長期缺乏營養下，大腦會逐漸萎縮、難以集中精神、記憶力減退、思想困難及想法極端、學習能力大大降低（註五）。由於大部分患者成績優異及勤奮用功，包括玲玲在內，這個禍害必定對他們起很大的警戒作用，為此他們也較願意嘗試進食來補充營養。

0
7
0

第四步：定下目標，合約協議

玲玲的體重指數偏低，故我們嘗試游說她入院治療，但她極害怕及抗拒入住精神病房，她苦苦地哀求給予她機會，經過與玲玲父母磋商後，決定與玲玲擬定合約，訂下目標：1. 於兩星期內體重上升一公斤；2. 對父母的態度有改善——即禮貌地回應父母的關心。由於厭食症初期體重回升會較慢，故此不會要求較多的磅數。若玲玲於兩星期內未能達到合約目標的話，便要入院治療，重新建立有規律及穩定的飲食生活。

第五步：住院治療或定期心理治療

兩個星期後，玲玲的體重只上升 0.2 公斤，對父母的態度有所改善，但每每到吃飯的時候，她總是板著臉，不發一言。玲玲進展較慢，她的體重也未能上升一公斤，因此她必須遵守承諾，接受住院治療。

住院期間，她學習重新建立良好的飲食習慣，回復進食正常三餐，每日三杯營養奶及下午茶甜品或小吃，使身體回復足夠的營養。與此同時，定時的心理治療是必須的。治療初期，若能每星期維持兩至三次會較為理想，輔導她衝破進食及「吃與不吃」之間的障礙，並灌輸她正面的思想，又以康復後帶來的好處來激勵她繼續努力。若患者的體重能達到合約所訂的磅數，她可繼續以門診心理治療來跟進，每達到目標，便能再進一步訂下新的協議。

第六步：深入探討主要根由

　　玲玲已接受治療三個星期，她的體重上升得較慢，只有 25.5 公斤。幸而她逐漸地適應醫院的環境，病房內的病友如照顧小妹妹般疼惜她，使她安心在醫院休養。

　　此時，筆者與玲玲的治療關係慢慢地建立起來，加強了彼此間的信任，這是最好的機會去探索導致她厭食的原因。細問之下，玲玲終於承認去年曾經被同學取笑「肥妹」，以致她立志決心減肥。首先由減少吃肉類及澱粉質食物開始，如戒吃飯、麵包及一切零食，漸漸地只吃菜及飲開水，後期更沒有了饑餓的感覺，連吃晚飯也覺得是花時間，把所有時間都放在書本上，甚少出外遊玩或逛街，性格變得內向及沉默寡言。「女兒變了！」父母皆不禁慨歎起來。

　　玲玲再進一步表達內心的不悅，升上中二時，最要好的同學都不被安排在自己班內，一時間令玲玲難以適應，又無法渲洩自己的不滿，惟有把所有的時間都放在學業成績及減肥的目標上。

　　筆者曾嘗試以「藝術治療」其中一環「繪畫表達」來了解玲玲的內心世界（註六）。當我要她繪畫呈現當時的心情時，她便畫了三大顏色（圖二），被名為「紅黃黑」，她細意地道出她的內心世界常有兩個爭執的聲音，紅色代表天使的聲音，它嘗試鼓勵她放膽進食，「妳現在好瘦呀，多吃點啦！」；而另一把聲音便立刻推翻天使的鼓勵，玲玲指著黑色道：「這就是魔鬼的聲音。」「這麼辛苦才減輕了體重，達到現時的佳績，若隨意進食便會前功盡棄！」；黃色則代表自己，經常被這兩個聲音夾在中間，那股壓力大得透不過氣來。說畢，玲玲不禁地大哭起來，令人深深體會到她的內心極大的掙扎及拉扯。

除了繪畫以外，治療師也可以讓患者列出他們腦海中正反兩面的思想，然後他們嘗試以第三者的角色去分析這正反思想。

第七步：家庭輔導

在治療初期，家人開始明白厭食症的病理及病癥，但由於照顧厭食症患者的家人同樣地會承受很大的壓力，協助家人舒緩其壓力及擔憂便成為其中主要的元素，治療師讓家人明白患者的內心世界，同時讓家人有一個健康的情緒渲洩管道，不至於把問題常推到患者身上或集中在「吃與不吃」的問題上盤旋，協助及加強他們雙向性的溝通。

玲玲生長於香港普遍的小康之家，一家四口，父親是公司主任，母親是文書，姐姐比她大兩歲，一家相處融洽，父母關係良好，他們對待兩女兒也算是公平及關心，他們因此就更感到無奈。厭食症的個案中，這類型的家庭也很普遍，現在厭食症已不單是父權或母權、父母離異或富有家庭的延伸了，因為社會的風氣及朋輩的影響已經蔓延

黑色　　　黃色　　　紅色

圖二

至小朋友本身。

　　家庭輔導及治療有助於增進兩代之間的了解，治療師作為橋樑，帶領他們尋找共識，最理想的當然是協助他們建立和諧的家庭生活。

第八步：離院計畫

　　玲玲經過六星期的住院治療後，體重漸漸由二十五公斤上升至三十公斤，期間玲玲與家人的關係漸漸修好，在病房內與醫護人員關係良好，也很合作，並按照餐單上的要求進食，加速後期治療的進度。由於體重指數回復理想，我們便嘗試讓她「度假」兩天，讓家人評估她在家中進食的表現，並再與她訂下合約，若體重升至三十二公斤便可出院。此時，玲玲便藉「度假」的機會努力進食，希望能夠儘快出院。另外，很多患者都擔心這個階段會變成暴食，這時，治療師便要提醒他們主要以三餐及下午茶為主，由於在這個階段他們的身體事實上是需要較多的食物來補充足夠的營養及抵銷饑餓的感覺，故此會較平時吃得更多，患者值得留意的是儘量避免在同一時間內過量地進食同一款的食物，例如麵包及餅類，因患者容易對澱粉質類的食物有過分的渴求而引致失控。玲玲經過三次「度假」後，體重終於上升至三十二公斤，順利出院，並渴望立即於翌日上學。

　　出院後，玲玲每星期定時進行心理治療，直至她完全明白過來，不再花時間在減肥或計算食量的方面上。三個月後，她已完全康復，家人便趁暑假的時間帶她往外地旅行作為獎勵。

　　最後，我邀請她以一幅圖畫來表達現階段的心情（圖三），她再以不同的顏色來形容她整段人生。紫色代表孩童時代，沒有太深刻的印象，故色調較沉；藍色代表患有厭食症的時期，心情沉重及抑鬱，

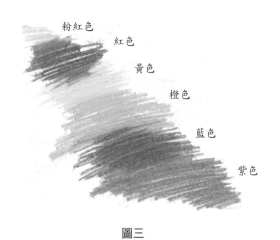

粉紅色
紅色
黃色
橙色
藍色
紫色

圖三

常常以淚洗臉；橙色代表現階段，漸漸地重見光明，能夠體會開心愉快的心情；黃色代表黃金時間，希望在工作上有光明前途；紅色代表興奮及盼望，回顧一生的收成；粉紅色代表退休，盼望能舒舒服服地安享晚年。在此衷心祝福玲玲能如她所願，經歷光明及豐盛的人生。

🌸 心聲點滴

在治療年輕的進食失調症患者的過程中，筆者深深體會到外來訊息及風氣對他們有莫大的影響力，由於年輕而未能懂得如何定位，似是而非的「鼓吹」使他們迷失了方向，隨著大氣候而走，以致大家都不約而同地跌入「瘦身男女」的陷阱中。

筆者也希望藉這個機會勸喻所有朋友別胡亂批評他人的身材，大部分個案都是因為曾經被親戚朋友用一些難聽的言詞嘲笑，如航空母艦、大象腳、大山婆、豬或肥妹等，使他們自尊心受創，憤而節食減

肥導致減出病來。另外,父母嘗試別要把「吃飯等於孝順及順服」這個定律硬套在子女身上,這只會令子女變得更反叛或閉口不言來表示無聲抗議。

　　作為醫護人員、父母、社工或教師的一群,我相信值得教育時下年輕人如何建立健康的自我形象,懂得欣賞自己及接納自己的不完美,不要過分膨脹外表及身材的重要性,若能保持外觀整潔舒服,已給人留下很好的印象,雖然樣貌是天注定,但「相由心生」,只要保持內心和諧,從小培養良好的屬性,那股氣質是你如何努力減肥或化妝也製造不來的。若要預防進食失調症繼續蔓延,自幼的教育及健康的自我形象建立是不容忽視的。廣泛地讓公眾認識進食失調症,有助防止青少年跌進這陷阱裡。

註釋

註一:American Psychiatric Association (1994). *Diagnostic and Statistical Manual of Mental Disorders*, 4th Edition. Washington, DC: American Psychiatric Association.

註二:李誠(2001),《吃的疑惑》,香港:壹出版。

註三:蓓琪‧克勞蒂皮爾著,依索譯(1999),《飲食之謎——厭食症與暴食症的了解與治療》,台北市:中天出版社。

註四:Board, F. (2000). *Art Therapist and Clients with Eating Disorders*. UK: Jessica Kingsley Publishers.

註五:同註二。

註六:同註四。

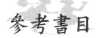

參考書目

Claude-Pierre, P. (1997). *The Secret Language of Eating Disorders: The Revolutionary New Approach to Understanding and Curing Anorexia and Bulimia.* Random House of Canada.

Hall, L. (1993). *Full Lives: Women Who have Freed Themselves from Food and Weight Obsession.* US: Gurze Books.

Hall, L., & Ostroff, M. (1999). *Anorexia Nervosa: A Guide to Recovery.* US: Gurze Books.

Fairburn, C. G. (1999). Risk Factors for Anorexia Nervosa. *Archives of General Psychiatry, 56*: 468-476.

Fairburn, C. G. (2000). The Natural Course of Bulimia Nervosa and Binge Eating Disorder in Young Women. *Archive General Psychiatry, 57*: 659-665.

Katzman, M., & Lee, S. (1997). Beyond Body Image: The Integration of Feminist and Transcultural Theories in the Understanding of Self-starvation. *International Journal of Eating Disorders, 23*: 227-231.

Lee, S. (1991). Anorexia Nervosa in Hong Kong: A Chinese Perspective. *Psychological Medicine, 21*: 703-711.

Lee, S. (1993). How Abnormal is the Desire for Slimness? A Survey of Eating Attitudes and Behaviour among Chinese Undergraduates in Hong Kong. *Psychological Medicine, 23*: 437-451.

Lee, S. (1996). Clinical Lessons from the Cross-cultural Study of Anorexia

Nervosa. *Eating Disorders Review, 7*: 1-4.

Lee, S. (2001). Fat Phobia in Anorexia Nervosa: Whose Obession Is It?. In *Cultural Debates on Eating Disorders*, ed. Nasser, M., Katzman, M. & Gordon, R. London: Routledge.

Makin, S. R. (2000). *More Than Just a Meal: The Art of Eating Disorders*. UK: Jessica Kingsley Publishers.

Treasure, J. (1997). *Anorexia Nervosa: A Survival Guide for Families, Friends and Sufferers*. UK: Psychological Press Ltd.

Weiss, L., Katzman, M., & Wolchik, S. (1986). *You Can't have Your Cake and Eat It Too: A Program for Controlling Bulimia*. California: R & E Publishers.

加藤諦三著，婁愛蓮譯（1999），《想要變瘦的心理》，台北市：正向出版社。

李采羚（2000），《別叫豬減肥》，台北市：采竹文化。

區祥江（2000），《生命軌跡：助人成長的十大關鍵》，香港：突破出版社。

第五章

肥胖兒童心理健康

劉永松

引言

　　自一九八六年開始，兒童肥胖問題在香港已有初步研究。十五年後的今天，雖然肥胖所引起的生理健康問題已廣為人知，學校及家庭也表示關注，但情況不但沒有好轉，反之，有上升的趨勢。在各界投入資源提倡減肥及兒童健康的同時，生理健康顯然是主要提倡的內容，坊間對此也漸有深入的認知，可是，肥胖問題對兒童心理成長方面的影響，卻很少有大篇幅的研究或報導。要知道肥胖問題的成因是多方面的，它包括遺傳、新陳代謝、營養、內分泌系統、消化系統、生活習慣、運動及心理等不同的因素（註一），其中關係錯綜複雜，各種因素既獨立又互相影響。有鑒於肥胖問題在兒童心理發展方面的介紹不多，本文將集中講述肥胖所引致的心理健康的緣由及影響，以提供多點資訊予相關人士，尤其在推行兒童肥胖控制的同時，更能注意到生理及心理的平衡發展，從而達到最佳效果。

肥胖的發展情況及定義

　　肥胖問題發展的情況，在先進國家如英、美等已達到嚴重程度。據統計，美國有 55% 的人口超重或肥胖，而肥胖帶來有關高危險疾病的風險也大大提高，例如心臟疾病、高血壓、糖尿病、中風、關節炎、睡眠窒息症、呼吸疾病及癌症等（註二），而這些疾病在香港近期也有年輕化的跡象。現時，香港大約有 13-15% 的兒童（大約 13-15 萬）被界定為超重或肥胖，雖然這個數字比起歐美並不算太厲害，但

其增長速度在過去十多年有加劇情況，若不及早控制，在可見的未來，肥胖人口及因此而帶來的醫療開支，將會因而大幅增加。

須知兒童與成年人的身體發育程度不同，在評定兒童是否肥胖時的標準也不一樣，肥胖的量度方法有很多，但以體型指數（BMI）最為方便易用，兒童的體型指數高於 20 者被視為超重或肥胖。根據一九九八年 Journal of Pediatric，兒童由二至十八歲的超重（$25kg/m^2$）或肥胖（$30kg/m^2$）標準見附表一。

表一

年齡	BMI ($25kg/m^2$)		BMI ($30kg/m^2$)	
	男性	女性	男性	女性
2	18.41	18.02	20.09	19.81
2.5	18.13	17.76	19.80	19.55
3	17.89	17.56	19.57	19.36
3.5	17.69	17.40	19.39	19.23
4	17.55	17.28	19.29	19.15
4.5	17.47	17.19	19.26	19.12
5	17.42	17.15	19.30	19.17
5.5	17.45	17.20	19.47	19.34
6	17.55	17.34	19.78	19.65
6.5	17.71	17.53	20.23	20.08
7	17.92	17.75	20.63	20.51
7.5	18.16	18.03	21.09	21.01
8	18.44	18.35	21.60	21.57
8.5	18.76	18.69	22.17	22.18
9	19.10	19.07	22.77	22.81
9.5	19.46	19.45	23.39	23.46
10	19.84	19.86	24.00	24.11

10.5	20.20	20.29	24.57	24.77
11	20.55	20.74	25.10	25.42
11.5	20.89	21.20	25.58	26.05
12	21.22	21.68	26.02	26.67
12.5	21.56	22.14	26.43	27.24
13	21.91	22.58	26.84	27.76
13.5	22.27	22.98	27.25	28.20
14	22.62	23.34	27.63	28.57
14.5	22.96	23.66	27.98	28.87
15	23.29	23.94	28.30	29.11
15.5	23.60	24.17	28.60	29.29
16	23.90	24.37	28.88	29.43
16.5	24.19	24.54	29.14	29.56
17	24.46	24.70	29.41	29.69
17.5	24.73	24.85	29.70	29.84
18	25	25	30	30

來源：Journal of Pediatric（1998），132: 211-222.

　　此外，一九九三年香港曾進行一項詳細的調查，在二萬名兒童從出生至十八歲，訂出體重超過中位數 120%為肥胖的本地指標（註三），見圖一及圖二。

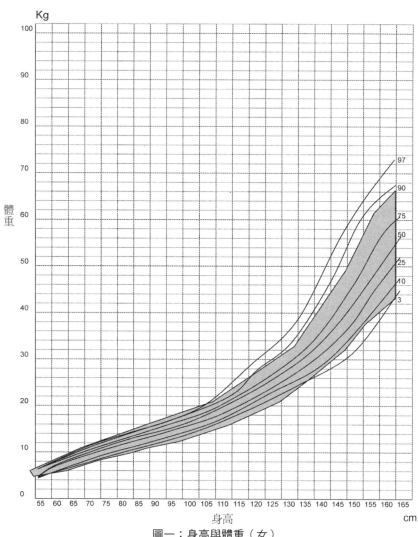

圖一：身高與體重（女）

OBESITY（肥胖）is defined as Weight>Median（中位數）Weight for Height（身高與體重）×120%

WASTING（消瘦）is defined as Weight<Median Weight for Height × 80%

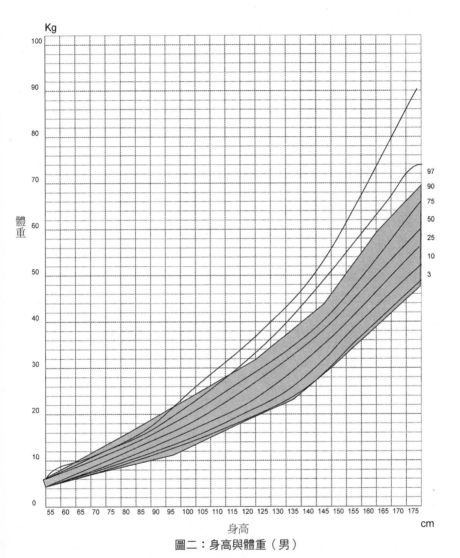

圖二：身高與體重（男）

OBESITY（肥胖）is defined as Weight>Median（中位數）Weight for Height（身高與體重）×120%

WASTING（消瘦）is defined as Weight<Median Weight for Height × 80%

兒童肥胖心理健康的源頭

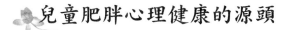

肥胖的原因離不開飲食、運動及健康生活模式三者的互動關係，但有關肥胖而來的心理問題卻源於社會文化因素為主。在先進富裕的社會裡，流行著一種視肥胖為「不理想」、「不受歡迎」的看法，這尤對女性為甚，這些社會文化因素包括：

(一)父母

兒童年紀愈小，受到父母的影響愈大，無論衣食住行，他們都會受到父母的左右。其實，在現今社會的兒童都很在意父母對他們言行舉止的讚賞或批評，尤其在衣著、外型、飲食等各方面。有研究顯示，父母對子女在與身體有關的批評和其子女的自尊心程度有重要關係（註四），其中尤以父母的惡意譏諷、批評為甚，這些反面的言論，在兒童心中早早烙下了印；此外，父母的行為也對兒童起了模範效應，研究指出，母親對身體不滿意的程度或減肥行為，會直接影響其子女對身體肥瘦的判斷及以後的態度，這種自小從家庭耳濡目染的減肥文化、瘦身訊息，往往在無意識的情況下深植於孩童的腦海中，極有可能埋下了兒童肥胖心理症狀的遠因。

(二)朋輩

朋友、同學在小學時期對兒童的影響雖不及父母大，但就群體互相比較的意義而言，也是不可小覷的。朋輩間對自己的評價與看法，兒童是會介意及敏感的。現今社會一般相信纖瘦是較為受歡迎及理想

的身型，兒童及青少年也趨之若鶩，很希望自己在朋輩中受重視、歡迎，得到較高的群體地位，因此，肥胖兒童往往要求自己達到一些不切實際的體型，去迎合其他朋輩的讚賞，造成極度瘦身的心理壓力；同時，由於肥胖體型很容易成為其他同輩朋友嘲弄的話題，這類肥胖兒童往往很容易不滿自己，自尊心極度薄弱。無論是有意或無意的體型嘲弄，對肥胖兒童而言都是很敏感的，一般會造成兩種後果，一是極力追求達到朋輩的要求而千方百計去減肥，有造成暴食症、厭食症的危險；另一極端是選擇逃避，在社群中孤立自己，因為這樣能避免他人嘲弄自己肥胖的體型，這種社交逃避往往造成憂鬱、自我封閉的心理障礙或情緒問題（註五）。

(三)傳媒及玩具

　　傳媒在現今社會的影響力是不容置疑的，對兒童而言，這是一個複雜而又混亂的訊息。在傳媒中以電視、雜誌報章為例，兒童往往會視那些過瘦女模特兒及非常健碩的男模特兒為「理想」、「標準」身型，這種所謂「標準」身型，在人口比例中千中無一，本質上是一種瘦身纖體商業活動的推銷伎倆，再加上瘦身潮流的明星效應，不健康的瘦削身型往往令兒童產生假象，認為這才是「標準」、「理想」的身型，這種傳媒文化不但充斥在電視、雜誌和報刊中，就連電子遊戲中的男女主角、漫畫連環圖及玩具的造型等，都充斥著歪曲了的身型典範。肥胖兒童非理性地與這些「標準」身型對比，從而產生對自我體型的自卑與不滿，不時責備自己、討厭自己。傳媒文化、明星效應及玩具刻意的定型，有意無意間在兒童心理上潛移默化，埋藏了心理成長的障礙（註六）。

㈣缺乏對體型的認知

　　自幼從未有正確的管道讓兒童認真地了解自己的身體變化，僅就體型而言，正常身高體重比例的幅度是非常大的，根據身高與體重的圖表（附圖一及二），過瘦及過肥的指標訂在人口中 3%以下及 90%以上的話，中間大部分人的體重身高比例在生理健康上都是正常的，問題是社會潮流狹義地定下了一個「瘦就是好是美」的標準，由於大部分人都沒可能成功達至這個標準，瘦身行業便有利可圖，大行其道。這種連瘦人也要去瘦身的潮流，就是源於個人對健康體型認知的缺乏，又或者太過單向接受某一種體型的標準所致。其實，如果每個人也樂於接受不同人的個別體型差異，不要以一個樣版去衡量美與不美，這樣，體型的成長才不會對兒童造成一個負累。

肥胖與兒童心理健康

　　肥胖是一個既是生理也是心理的疾病，它引致不良的心理後果頗為繁多，現分述如下：

㈠消極的運動態度

　　由於肥胖兒童一般在體型、體重方面都會令他們在速度、力量、靈活度及心肺耐力方面較同齡非肥胖兒童為差，因此，往往在運動能力及表現方面較為遜色。為了避免示弱出醜，他們會儘量找藉口避免參與各類型的運動，又因為不滿意自己的體型，不想公開地暴露身體的肥胖部分，例如手腳四肢，故此連體育課或課外活動也一併逃避。

久而久之，養成了被動以致討厭運動的生活態度。這種積極不參與體育活動的心態，在往後日子裡衍生出多樣化的心理後遺症。

(二)對自我形象的不滿

自我形象往往因為刻意的歪曲，造成自我形象受損，這源於兩個源頭，一是認知方面，另一是社會要求。

有些肥胖的人長久以來累積了負面的自我形象評價，已經沒有準確而又客觀的自我認知能力去評估自己體型是否適中，致使不斷要求改變身體各部分，例如過度節食、過度運動、用藥或做手術等，務求達到更瘦的要求，即使他們已經很瘦，也會認為自己過肥而繼續減肥。

另一類是受到社會瘦身潮流的影響，認為愈瘦就是愈美，於是不斷極端減磅來迎合這個潮流。這兩種來自不同的自我形象標準，都是病態的，它令肥胖兒童討厭自己的身體，而追求一種不健康、不適合自己體型的所謂「美」的身型，這種追求既不切實際，更嚴重的是他們會因此而扭曲自我形象，對自己產生一種不滿與厭惡的情緒。

(三)自我定位混亂帶來的身份危機

在青春發育時期，兒童及青少年會經歷到生理上的劇變，例如身高體重的急劇變化、性徵的出現及荷爾蒙分泌的變化等，往往為青少年及兒童帶來一個困惑期，難以迅速適應下來，這時他們正面臨一個適變的問題。從個人性格發展而言，肥胖兒童會從主觀個人的標準及需要他人的標準去給自己定位，才能順暢地進行性格之確立。在發育年齡，體型及運動能力是最明顯而又最敏感、受同輩注目的定位標準

（註七）。

　　主觀而言，肥胖兒童無論在運動能力及體型，都很負面地對自己作出嚴苛及反面的評價。從他人的尺度而言，肥胖也確實給這些兒童帶來不快的感覺。肥胖兒童自覺個性發展沒有出路，在茫茫人海中，他們找不到自己的定位，去適應這急速變化的社會。研究指出，個性定位是這階段的一個重要里程碑（註八）。其實，普通正常體重的兒童及青少年，他們也要面對這性格發展過渡的階段，但肥胖兒童卻要承受多一股反面的內在及社會壓力，令他們感到迷失，找不到一個適合自己又符合所謂社會要求的角色，去安頓自己心中的焦慮與不安。這個階段是發育中兒童及青少年最不安定的時刻，肥胖兒童要額外承受因體型而帶來的壓力，造成自我性格定位出了困難，甚至不能成功建立起一個具正面自我評價的性格，最後，陷入了所謂身份危機的結果。

　　所謂身份危機，是指青少年或兒童不能成功創造一個既完整正面，又具獨特性的身份象徵（註九）。這個身份關係到個人對現在及將來自我價值的肯定，以及其個人在社會群體中應採取什麼生活態度的指標（註十）。若能成功定位的話，自我價值會表現得肯定、正面、有自信心，知道在社會中如何自處；反之，自我價值會變得很反面、否定、缺乏自信，甚至討厭自己，沉浸在無奈與沮喪的情緒中，不知如何是好。

　　據研究顯示。兒童及青少年會不惜代價去建立一個自己及社會都接受的身份象徵（註十一），從這點而言，肥胖正是一個極大的負擔。社會上一般將遲鈍、愚蠢、笨拙、醜陋、跟不上潮流等次級公民形象加諸在他們身上，加上如果他們學業成績差的話，很可能會被冠

以肥人懶惰、智商低的標籤。在這種沮喪混亂的性格發展下，會直接或間接帶出更多心理及情緒問題，這將在下文一一詳述。

㈣體型歧視的形成與自尊、自信受損

兒童小自六歲便已對身體有高度的敏感性，尤其是對體型肥瘦的問題。據一項測試得知，在兒童列出最討厭自己的缺陷或缺點當中，大部分兒童列明肥胖是最差的缺陷，其排名還要比身體殘障為低（註十二）。這個研究結果可能有誇張成份，但其寓意很明顯地表達了幼童對肥胖的厭惡，這可能包括厭惡自己及厭惡他人肥胖。可悲的是，這個意識在成年人社會裡，是普遍默認的一個訊息，而兒童自年幼時已深受其影響，繼承及發展出一套對肥胖體型的偏見，形成所謂體型歧視，認為肥胖是評價人價值的其中一個重要指標，對肥胖不期然產生標籤及討厭的效應。從這個基礎發展下去，兒童一方面繼承了對肥胖的偏見而歧視體型肥大的人，另一方面，兒童本身也因這種偏見的內在化而感到壓力，慢慢地，兒童自小醞釀了一套肥胖恐懼心理，瘦身被視作唯一拯救自己脫離歧視的方法，萬一肥胖纏身，一種懷疑自我價值、自怨自憎的心理便悠然而生，自尊心、自信心從此與肥胖指數掛勾。愈肥者，自尊自信急挫；瘦身者，自尊自信得以提高。

問題是：肥胖是一個大家都關心的健康問題，卻為什麼要有歧視發生呢？對一些自小便肥胖的兒童來說，他們到底做錯了什麼，要受到別人的歧視與標籤？他們每天都被別人嘲弄他們的身體，身心受到折磨，最可怕的是，他們也甘心情願接受了這套體型標準，沒有能力去反抗，只有默默生活在冷言嘲諷之中，自尊與自信無從建立。由於他們也承認了這個「缺陷」，是自己的「錯」，自尊一直沉淪，自信

備受打擊，成年人世界更沒有施以援手，一味吹捧瘦身美學觀。久而久之，這種歪曲了的信念深植於肥胖兒童心中，形成一股牢不可破的自卑心態，連自己也看不起自己的人，試問怎樣自救？別人又怎樣去救他們呢？！

(五)情緒壓力及抑鬱、憂慮

兒童生活在一個標榜瘦身文化的社會中，每天不期然背負著沉重的壓力，在壓力處理的過程當中，現今肥胖兒童在處理有關體型壓力的資源上甚為有限，無論在家庭、學校、朋友、同學當中，他們都很不容易找到有效的輔導及支援，在這種情況下，情緒困擾慢慢積聚下來，初時可能只是表現得較為情緒化，繼而長期釀成過分憂慮、抑鬱等的精神問題。根據研究顯示，幼年肥胖的兒童比其他成年後才肥胖的青少年有較多的精神壓力及較容易患上精神病的可能（註十三）。

如前文所述，肥胖會導致自我形象的低落，很多時候肥胖兒童會採取逃避的態度去面對這個問題，直至避無可避，便選擇孤立自己，與社交圈子保持距離。在這種逃避的過程中，他們很可能會經歷程度大小不一的精神壓力、憂慮以至抑鬱的情緒問題，最後有可能發展至更嚴重的精神問題。

(六)飲食失調症及身體變形恐懼症

成年人飲食失調症（暴食、厭食）在香港近年已受關注，但有關兒童症狀的研究更為複雜。研究顯示十四至十八歲是飲食失調症的高峰期，其中尤以女童為嚴重；此外，肥胖兒童有身體變形、畸形的幻想恐懼症（Dysmorphic disorder）也是其中一個受關注的症狀，患者會

對自己身體有著嚴重變形、畸形的幻想及恐懼，即使別人一點也不察
覺他所說的身體缺點，他們也會誇張甚至虛構這個缺陷，這種症狀多
發生在十六至十八歲期間（註十四）。究其原因，飲食失調症及變形
恐懼症大致可歸納為下列數項：1.肥胖問題；2.對體型的不滿；3.對
身體變化很敏感；4.有節食減肥習慣；5.自我形象及自尊心低落；6.
有抑鬱情緒問題（註十五）。

　　這一系列原因在在都與肥胖及體型有著極度密切的關係，而由肥
胖所衍生的心理反映、情緒狀態也是導致以上兩種症狀的主要原因，
在處理肥胖兒童個案時實不容忽視。

㈦社交及感情關係

　　在社交關係方面，肥胖兒童在逐漸擴大其社交生活圈子的時候，
慢慢會感受到體型所帶來的壓力，他們的表現一般會有以下特色：1.
害怕與正常體重兒童一起參與社交群體活動、遊戲或康樂體育活動，
以免被他人作出比較或批評；2.肥胖兒童特別害羞內向及過分敏感，
在感受到自我形象可能受損、暴露弱點的環境中，會拒絕參與，例如
最普遍的就是逃避體育課、拒穿泳衣泳褲、不喜歡到健身室等，都是
這種心理驅使而成的行為；3.由於愈來愈逃避社交活動，以保護自己
過敏的自我形象，長久地封閉自己造成缺乏朋友，社交圈子不斷窄
化，最後孤立起自己，對社會及人際關係感到很疏離；4.在有可能發
生飲食失調症的肥胖兒童中，由於害怕父母發覺，往往與家庭成員的
關係愈來愈疏離，初時多會因食物問題起爭執，繼後甚至會孤立起自
己來，不與家人溝通，害怕家人洞悉其病態，這種情況令有飲食失調
傾向的肥胖兒童與家人關係愈來愈差；5.在發育期間，兒童對男女朋

友的關係開始產生好奇，有研究發覺肥胖兒童在兩性交往的關係中，有可能特別感到困難，這情況可能源於較低的自我形象所導致，肥胖兒童認為自己較難找到理想異性作為交往對象（註十六），研究也發覺肥胖兒童成長後，要找到非肥胖異性作為結婚對象的可能性及成功率較正常體重兒童為低（註十七）；此外，有可能源於性徵發育問題，研究指出嚴重肥胖可能損害性器官的正常發育（註十八），如果這種情況未能及早矯正，對肥胖兒童長大後，尤其在兩性交往當中，會造成極大的心理傷害；6.這種自我封閉所造成的社交孤立及家庭孤立，會倒過來強化及損害肥胖兒童的生理健康及情緒，這種惡性循環因此不斷重複加劇發生。

總結

　　肥胖所帶來的生理及心理健康問題是多方面及繁複的，要根治並非一朝一夕可以做到，除了須要各方專業人士及政府政策配合外，目前最直接可以做到的，是推動社會改變對肥胖的態度，由家庭、學校、朋友、社區等作為基礎，教育社會人士排除體型歧視及偏見，不要標籤肥胖兒童，繼而提出較寬廣的體型標準及美學觀，鼓勵社會接受各人體型的差異，打破「瘦就是美」或者不切實際的「模特兒完美體型」等錯誤觀念，強調肥胖本身並不是一個令人討厭的缺陷，只是身體健康的一個重要關鍵。如果這些訊息能被廣泛提倡及接受的話，肥胖兒童便有可能脫離心理上的枷鎖，重建自我，積極面對人生。

註釋

註一：British Nutrition Foundation Task Force (1999). *Obesity*. Blackwell Science Ltd.

註二：National Institute of Health (1998, June, 17). National Heart, Lung, and Blood Institute: First Federal Obesity Clinical Guidelines Press Release. Retrieved December, 12, 2001, from http//www.nhlbi.nih.gov/new/press/obere14f.htm

註三：Leung, S. F. (1995). *A Simple Guide to Childhood Growth and Nutrition Assessment*. Medi Proficient.

註四：Smolak, L., & Levine, M. (2001). Body Image in Children. In Thompson, J. K. & Smolak, L. (Ed.), *Body Image, Eating Disorders, and Obesity in Youth: Assessment, Prevention and Treatment*. American Psychological Association, Washington, DC.

註五：Smolak, L., & Levine, M. (2001). Body Image in Children. In Thompson, J. K. & Smolak, L. (Ed.), *Body Image, Eating Disorders, and Obesity in Youth: Assessment, Prevention and Treatment*. American Psychological Association, Washington, DC.

註六：Parizkova, J., & Hills, A. (2000). *Childhood Obesity : Prevention and Treatment*. CRC Press.

註七：Fox, K. (1992). Physical Education and the Development of Self-esteem in Children. In N. Armstrong (Ed.), *New Directions in Physical Education* (Vol. 2). Champaign, IL: Human Kinetics.

註八：Crain, W. C. (1980). *Theories of Development: Concepts and Applications*. Prentice Hall.

註九：Brettschneider, W., & Heim, R. (1997). Identity, Sporting Commitment and Youth Development. In K. R. Fox (Ed.), *The Physical Self: From Motivation to Well Being*. Champaign, IL: Human Kinetics.

註十：Deschamps, J.-C., & Devos, T. (1998). Regarding the Relatioship between Social Identity and Personal Identity. In S. Worchel, F. Morales, D. Paez, & J.-C. Deschamps (Eds.), *Social Identity: International Perspectives* (pp. 1-12). London: Sage publications.

註十一：Crain, W. C. (1980). *Theories of Development: Concepts and Applications*. Prentice Hall.

註十二：Berg, F. M. (1997). *Afraid to Eat: Children and Teens in Weight Crisis* (2nd edition). Healthy Weight Publishing Network.

註十三：Parizkova, J., & Hills, A. (2000). *Childhood Obesity : Prevention and Treatment*. CRC Press.

註十四：Thompson, J. K., & Smolak, L. (2001). *Body Image, Eating Disorders, and Obesity in Youth: Assessment , Prevention and Treatment*. American Psychological Association, Washington, DC.

註十五：Shisslak, C. M., & Crago, M. (2001). Risk and Protective Factors in the Development of Eating Disorders. In Thompson, J. K. & Smolak, L. (Ed.), *Body Image, Eating Disorders, and Obesity in Youth: Assessment , Prevention and Treatment*. American Psychological Association, Washington, DC.

註十六：Seidell, J. C. (1999). The Burden of Obesity and Its Sequelae. In G. Mallarkey (Ed.), *Managing Obesity*. Adis international Limited.

註十七：Parizkova, J., & Hills, A. (2000). *Childhood Obesity : Prevention and Treatment*. CRC Press.

註十八：Parizkova, J., & Hills, A. (2000). *Childhood Obesity : Prevention and Treatment*. CRC Press.

參考書目

Berg, F. M. (1997). *Afraid to Eat: Children and Teens in Weight Crisis* (2nd edition). Healthy Weight Publishing Network.

Bouchard, C. (Ed.). (2000). *Physical Activity and Obesity*. Champaign, IL: Human Kinetics.

Brettschneider, W., & Heim, R. (1997). Identity, Sporting Commitment and Youth Development. In K. R. Fox (Ed.), *The Physical Self: From Motivation to Well Being*. Champaign, IL: Human Kinetics.

Crain, W. C. (1980). *Theories of Development: Concepts and Applications*. Prentice Hall.

Deschamps, J.-C., & Devos, T. (1998). Regarding the Relatioship between Social Identity and Personal Identity. In S. Worchel, F. Morales, D. Paez, & J.-C. Deschamps (Eds.), *Social Identity: International Perspectives* (pp. 1-12). London: Sage publications.

Fortaine, K. R., & Bartlett, S. J. (1999). Estimating Health-related Quality of Life in Obese Individuals. In G. Mallarkey (Ed.), *Managing Obesity*. Adis international Limited.

Fox, K. (1992). Physical Education and the Development of Self-esteem in Children. In N. Armstrong (Ed.), *New Directions in Physical Education* (Vol. 2). Champaign, IL: Human Kinetics.

Kaplan, R. M., Sallis, J. F. Jr., & Patterson, T. L. (1993). *Health and Human Behavior*. McGraw-Hill Book Company.

Leung, S. F. (1995). *A Simple Guide to Childhood Growth and Nutrition Assessment*. Medi Proficient.

National Institute of Health (1998, June, 17). National Heart, Lung, and Blood Institute: First Federal Obesity Clinical Guidelines Press Release. Retrieved December, 12, 2001, from http//www.nhlbi.nih.gov/new/press/obere14f.htm

Parizkova, J., & Hills, A. (2000). *Childhood Obesity: Prevention and Treatment*. CRC Press.

Rosner, B., Prineas, R., Loggie, J., & Daniels, S. R. (1998). Percentiles for Body Mass Index in U.S. Children 5 to 17 Years of Age. *Journal of Pediatrics, 132*(2): 211-22.

Seidell, J. C. (1999). The Burden of Obesity and Its Sequelae. In G. Mallarkey (Ed.), *Managing Obesity*. Adis international Limited.

Shisslak, C. M., & Crago, M. (2001). Risk and Protective Factors in the Development of Eating Disorders. In Thompson, J. K. & Smolak, L. (Ed.), *Body Image, Eating Disorders, and Obesity in Youth: Assessment, Prevention and Treatment*. American Psychological Association, Washington, DC.

Smolak, L., & Levine, M. (2001). Body Image in Children. In Thompson, J. K. & Smolak, L. (Ed.), *Body Image, Eating Disorders, and Obesity in Youth: Assessment, Prevention and Treatment.* American Psychological Association, Washington, DC.

Thompson, J. K., & Smolak, L. (2001). Body Image, Eating Disorders, and Obesity in Youth --- the Future is Now. In Thompson, J. K. & Smolak,

L. (Ed.), *Body Image, Eating Disorders, and Obesity in Youth: Assessment, Prevention and Treatment.* American Psychological Association, Washington, DC.

Wardle, J. (1999). Aetiology of Obesity VIII: Psychological Factors. In British Nutrition Foundation Task Force (Ed.), *Obesity*. Blackwell Science Ltd.

第六章

保護我們的下一代免受家庭暴力的影響

葉長秀

引言

　　每當提起家庭暴力，就容易令人想起受虐婦女，但其實受害者除了婦女外，還有直接或間接目睹家庭暴力事件的兒童及青少年。當中，有些兒童成為被虐對象，有些兒童更在親眼目睹父親殺害母親之後自殺。就算那些僥倖生存下來的兒童也要獨自承擔孤獨、遺憾與自責。更不幸的是，有些兒童成為父母婚姻不愉快的犧牲品及陪葬品，因為他們在父親或母親失意又絕望之際，由父母親手斷送了他們短暫的生命。

　　本文的要旨是探討家庭暴力對下一代的影響，並提出服務方向及建議，以保護我們的下一代免受暴力的傷害。首先，讓我們從數字及個案，了解家庭暴力對下一代的影響。

　　按和諧之家一九九九至二〇〇〇年的資料顯示，有超過七成的受虐婦女攜同子女入住和諧之家，當中合共二百廿二人（註一）。過去十五年，和諧之家共接待二千五百四十六名兒童，他們的年紀大多在十二歲或以下。以一九九九至二〇〇〇年為例，約有 47% 的入住兒童年齡在七歲以下，有 42% 的兒童年齡介乎七至十二歲，其餘的是十三至十八歲的青少年。可見受影響的兒童包括嬰孩、學齡前兒童、學齡兒童，以至青少年。按過去十多年的數據及工作經驗反映，有超過 50% 的兒童入住者在家中有被父親（受虐者的配偶）虐待的情況。以過去三年（97-99 年度）的數字為例，兒童受虐的百分率曾高達 63%，當時十個入住的兒童就有超過六名的兒童曾受虐待。在這些兒童當中，超過 60% 的兒童曾受身體及精神虐待，有 20% 的兒童曾受身體虐

待，16%的兒童曾受精神虐待，但值得注意的是，有4%的小孩子曾受性及各種不同形式的虐待，例如：疏忽照顧、恐嚇、威迫、辱罵等。

　　以上所述的，都是直接受家庭暴力影響的虐待形式，然而，仍有一些很容易為大眾忽視，但對兒童影響深遠的虐待，例如：孩子沒有被打卻親眼目睹母親受虐待的情況、沒有目睹母親受虐但卻聽見父母激烈的爭吵聲、聽見打破或碰跌家居雜物的聲音、常聽到母親的哭泣聲、看見母親受虐的傷痕等（註二）。這種非直接受虐待的形式將會影響孩子的情緒、心理及成長。

　　究竟，家庭暴力對孩子的人生路會有甚麼影響呢？首先，筆者想引用一位受虐婦女的反省作為分析的開始：

　　　　「爸爸，我昨晚又夢見你，我帶著孩子去探望你。夢醒了，回到現實，你在何處呢？很矛盾，我經常會想念你，像你對待母親的情景，還有那次你對青少年時的我和姊姊表示要用刀斬我們的一幕，到現在我已四十多歲，仍然記憶猶新。雖然你對我們好的情況實在很少，但不知為何，我總是懷念你。如果沒有出現過那些令我們討厭和懼怕的情景，多麼好啊！……」——阿冰（註三）

　　非常欣賞阿冰的坦白分享，她反映了受家庭暴力影響的子女的心聲，雖然她現在已經四十多歲，而且已為人母，但不幸的是，她後來又成為受虐的對象。那麼，究竟家庭暴力直接或間接對兒童會有甚麼影響呢？筆者現在嘗試將受影響的兒童及青少年分為三類，分別是 1. 嬰幼兒期至學齡前，2.學齡至小學階段，及 3.初中至青少年階段以闡

述其中的特徵與傾向。

🌸家庭暴力對各階段兒童的影響

第一階段——嬰幼兒期至學齡前

1. 發育緩慢

　　從觀察入住庇護中心的孩子所得，再配合香港及台灣其他工作者的經驗，發現這個年紀受影響的孩子普遍有體重過輕的現象。曾有一位一歲多的小女孩，因為出現發育緩慢的情況，以致體重過輕，使坐時不能挺直，逗她又毫無反應。更有一些三、四歲的小朋友不能說出完整的語句，發音不清楚。這些情況可能是因為受家庭暴力影響，減少了孩子受外界正面刺激的影響，加重了情緒上的負擔，令孩子出現言語或大小肌肉發育不健全的現象。造成這現象的原因，可能是由於父母自己在受婚姻暴力的影響時，因為承受太大壓力及困擾而疏忽了對孩子的照顧，造成不良的影響。

2. 依附（Attachment）與安全感

　　按人類發展心理學的理論說，嬰兒與幼童階段是發展依附關係的重要關鍵。倘若父母或照顧者能在此時為孩子提供愛、關懷、支持和重視，那麼孩子就容易建立自信與安全感。而生長在暴力家庭的孩子，就不容易從父母或照顧者身上取得這些正面依附感的效應，孩子因而不容易信任別人、嚴重缺乏安全感及形成排外的心態。曾經看過

很多暴力家庭的小朋友，因為媽媽要參加活動，他們面臨短暫分離之苦，會放聲大哭，而且是長久地、不停地哭（約半小時），彷如「生離死別」，完全不理會工作人員與其他宿友的勸導，這些情境令筆者至今難忘。倘若忽視了他們生長在暴力家庭的背景，是很難理解他們缺乏安全感的痛苦，而這痛苦是第三者所無法彌補的。

3. 暴力的雛形

不要以為孩童處於嬰孩時期，受暴力的影響會較少。按照一些中外的研究發現，生長在暴力家庭的孩童較會產生控制性、攻擊性、破壞性及自我毀棄的行為（Wolfe et al., 1986）。就我們的工作經驗所得，當孩子面對沮喪、壓力或發現對方不能達到自己期望時，會有打母親、攻擊兄弟姊妹、打同輩的現象，極端的會有攻擊工作人員，以至破壞公物、嚎哭、離群、不合作等行為，孩子通過這些行為以達到控制別人的目的。其實，這種暴力方法的來源，很多時候是從模仿及學習父母溝通的模式所導致。並不是每位來自暴力家庭的小朋友都有這外顯的暴力傾向，相反的，有些則變得性格沉鬱、被動、纏人，甚至退縮，這些小朋友也為數不少。值得探討的是，父母親怎樣解決自己的問題和如何教導小朋友解決自己的問題，這將會是影響小朋友的暴力傾向是否成形的關鍵。

4. 對性別的定型

生長在暴力家庭的小朋友，容易產生「男尊女卑」、「男強女弱」的性別定型。因為在兒童生活的經驗裡，時常目睹爸爸使用武力對付媽媽，彼此互相爭執、破壞、亂丟物件的情景，當中誰強誰弱、

孰對孰錯,便影響到孩子對男女角色的一套理解及處理方法。

國外心理學文獻記載,這個階段的小孩子容易模仿與自己性別相同的父親或母親從而取得認同(Eric Erikison)。因此,當學齡前的小朋友遇到爭執或挫敗時,女性容易傾向用退縮的方法,例如:沉默不言、打玩偶、亂扔東西,又或將自己藏匿起來等,因為媽媽可能已用過這些方法無數次去解決問題。在小朋友的角度,這是「弱」的及「卑躬屈膝」的做法,因此女孩容易傾向順從男性,上至爸爸,下至弟弟,無論他們是合理或不合理;男孩又會怎樣呢?在男孩的角度而言,一般會採取比較主動而且傾向模仿父親的暴力方法,例如:打人、嚇人、大聲辱罵對方等,以求達到控制別人的目的(註四)。倘若這些男孩得不到適當的指引,他們便容易傾向不尊重女性,不管是他的媽媽、長輩,以至姐姐等都是如此。

所謂「三歲定八十」,小孩子如何在家庭中體現男女的角色,將會影響他們成長後的人際關係。

第二階段——學齡期至小學階段

1. 學習上的困難

入住庇護中心的小孩子,常常碰見的問題就是學習問題。因為要隨母親入住庇護中心及為了安全保障,需要向學校暫時請假,便出現學習的問題。雖然在和諧之家裡,我們已安排同工為孩子補課,但是不能回校上課或多或少會影響孩子的學習進度及成績。另一種情況就是,當母親決定與父親分居或離婚而過新生活時,為了保證子女的安全,很多時候會安排子女轉校,而轉校後孩子要重新適應新的學習環

境，這或多或少會影響孩子的學習成績。很多時候，孩子及母親都需要付出很大的努力或額外的資源，才能克服種種因為家庭暴力而帶來的學習障礙。在筆者的經驗裡，孩子最常碰見的學習困難，是難於集中精神學習，這或許因為在暴力的家庭裡，孩子會用心力去察覺四周環境是否安全的緣故。又或者在面對父母衝突時，孩子陷入恐懼、焦慮、罪惡感等情緒狀況，以致影響他們在學業上的學習，影響學習成績。

此外，筆者也曾接觸過一些小孩子有寫「倒字」的習慣，例如：原本數字「3」的寫法是向左開口的，寫倒字的孩子卻將它寫成向右，變成「ε」。這種特質或許是由他的一些反叛、歪曲的心理而形成，這也是容易影響孩子在學習方面出現困難，使他對外在世界容易形成偏差的想法（吳慈恩，1999）。

2. 健康

按外國的一些研究指出，當小孩子常常目睹母親受虐，容易產生身心症，例如：頭痛、肚痛、失眠、氣喘、潰瘍、風濕性關節炎、口吃、尿床，甚至有企圖自殺（Hillberman & Muson, 1980）或傷害自己的行為（Herman, 1992）等。筆者聽過不少受虐母親投訴兒子或女兒在睡覺時（無論日或夜），都有尿床的習慣，這除了生理因素外，同時也包含複雜的心理因素。這可能是因為害怕要到洗手間，害怕碰見施虐者或施虐情境，所以選擇逃避及忍耐，直至不能再忍而造成尿床；另一種可能的情況，就是在極度的恐懼、不安或生命受威嚇時，一張有尿液的床或床單被褥，就是告訴自己當時還活著的證據。此外，筆者也碰過當受虐的孩子的物質或心理需要得不到滿足時，他們

可能會透過自殘身體，如打自己、將頭撞向牆、不吃飯等方法以表達不滿及控制別人。這些嚴重的行為，絕對會影響孩子的健康及個人安全。

3. 矛盾、愛恨交錯與忠誠 vs.背叛的情結

在暴力家庭中長大而又已屆學齡的小朋友，從學校中得知一些對與錯標準的時候，他們會建立起自己的價值觀，會開始檢討父母的行為。最常出現的情況就是，不能對父母建立起統一的對錯印象，因為他們會看見父親向母親施虐後，又有愛撫以至親密的行為出現，因而對於誰對誰錯的問題產生懷疑。

當孩子智力愈增長，他便愈要在家中發展性別認同，愈要要求塑造自己的行為準則。可是，當孩子要認同父母的性別角色時，就會出現問題。男孩碰見的就是一方面要學習爸爸的行為，另一方面卻不接受、不喜歡爸爸打媽媽的事實，於是對爸爸產生愛恨交纏的感覺。女孩子同樣也會對母親產生矛盾的情懷，就是一方面會模仿母親溫順、忍耐的特質，另一方面卻憎恨母親的懦弱，憎恨她對暴力的縱容和無法保護自己及下一代。

忠誠與背叛的情結，也會在小男孩身上出現。當爸爸對媽媽不好，他們是傾向忠誠於母親，只是慢慢地會發現，他們對爸爸仍有正面的印象，尤其是當爸爸心情好，買玩具給他們的時候。因此，他們會在這時覺得自己背叛了母親，感到自己存在著忠誠與背叛的複雜情感。

當我們與孩子傾談時，普遍發現雖然他們偏向親近母親，而父親可能曾經虐待他們，因此孩子會偏幫母親，但是這並不表示他們不關

心或不掛念父親。只是每當提起爸爸時，他們普遍知道媽媽會為此傷心或不開心，因此會將掛念爸爸的感受隱藏，以表示對媽媽的忠誠。不幸的是，有些母親卻利用此「忠誠」來控制孩子，達到自己的目的（陳麗如，1998）。這些目的可能是爭取撫養權或復合。但是孩子這種矛盾的心情，這種忠誠與背叛的情結，會扭曲了孩子的心理與情感，增加孩子日後康復的難度。

4. 情緒困擾

生長在暴力家庭的孩子，因為處於隨時可能爆發的虐待當中，所以會長期感到恐懼、焦慮與不安。一方面擔心母親會受傷、自殺、被打死或離開，另一方面也害怕會被捲入漩渦內而遭毒打，因此孩子會有很多的焦慮、沮喪、驚慌及無助感，尤其是當孩子想救媽媽，但卻知道自己因身形短小而不敵爸爸時，會產生挫折感及無助感。長期的無助感會令孩子將不滿內化，變成很容易惱人、惱自己及發脾氣，又會容易責怪自己無用，或覺得因為自己做錯事、頑皮而令媽媽受虐，從而衍生內疚與罪疚感，嚴重影響孩子自我形象的建立。這情況尤其容易發生在他們慢慢步入初中的時期。

第三階段──初中期的青少年

按筆者的工作經驗，在一般情況下，庇護中心只收容十二歲或以下的男孩（女孩則不設年齡上限），因資料有限（女孩居多），所以這裡的闡述會有不全面的地方。現嘗試按發展心理學的分析，再加上一些暴力家庭的背景資料，筆者會概述這時期青少年的一些特徵。

1. 獨立與反叛

隨著年齡的增長，青少年期與過往階段最明顯的分別是，孩子有較多保護自己的能力，也有較大的自主性，可以選擇不在家中捱打、捱罵。這種自由度原本可增加青少年的獨立自主及發展自我，但可惜生長在暴力家庭的青少年，在這時期得不到適當的疏導、指引和支持，大部分可能仍活在過去暴力與不信任的陰霾下，而影響到他難於發展自我，甚至不能與別人建立信任的人際關係。筆者在工作中看見大部分的男女青少年都偏向孤獨，喜歡沉醉在隨身聽、遊戲機和作白日夢的自我世界裡，任別人（義工）怎樣敲門，也不讓他們進入自己充滿祕密的世界裡。

另一方面，正因為青少年的獨立與自主能力的增強，最容易與父母（尤其是施虐者）發生衝突。大部分的施虐者最受不了受虐者有自由的空間和不受控制，所以這種自主要求很容易成為暴力及衝突的導火線，增加了青少年的挫敗、憤怒、自卑、羞愧等負面情緒。青少年自衛的方法很多時候是以暴制暴或離家出走，甚至是自殘身體或不惜犯法以解決當前的不滿。這現象有一種普遍性，至少在美國、台灣（註五），以至香港的青少年都會攻擊父母及自己的兄弟姊妹，因而釀成更多的家庭暴力。

2. 約會暴力的受害者

從孩提時期開始，生長在暴力家庭的子女所看到的，便是錯誤的性別角色示範。他們是在這種環境下去認識兩性角色與夫妻關係。發展至青少年時期，這種極端的男女不平等關係，充滿男尊女卑意識的

關係，帶有操控性的人際關係，將直接影響青少年與異性的交往，因而有機會使青少年成為戀愛暴力的受害者。

令青少年容易成為戀愛暴力受害者的原因如下：

(1)自小習慣生活在控制關係中，相信「愛之深，責之切」、「打者愛也」的錯誤原則，要自己忍受施虐者行為，希望對方因此而不會離開自己。

(2)暴力家庭中父母的暴力溝通技巧會延伸到青少年身上，令他們容易缺乏良好的語言及社交技巧來解決情侶間常見的衝突或生活問題。

(3)在暴力家庭中長大的男性青少年，容易習染父親（施虐者）暴烈的性情，變得衝動、多疑、唯我獨尊，以致欠缺同情心，大大增加戀愛暴力的可能性，容易使與他交往的女孩子受到精神與肉體的創傷。在一九九七至二〇〇〇年入住和諧之家的數字中，有接近 5%-10%的婦女承認婚前已受其同居男友或非同居男友虐待（註六），而按和諧之家於一九九九年發表有關戀愛暴力的調查，在收回的一千二百二十二份問卷中，分別有六十五人及五十人表示在最近的三個月內曾遭受「被限制社交生活」及「強迫報到或留行蹤」的對待；同時，受訪者裡有一百八十五人（5.4%）表示認識朋友在拍拖或分手時，曾受暴力對待，而他們所說的朋友總人數竟達三百五十六人（註七）。這結果令我們擔心社會上實際有為數更多的青少年正遭受暴力與控制行為的對待。

(4)至於女性青少年，很多時候因為不想留在暴力家庭中，為了要

尋求自由、保護和關心，而很容易墜入愛河。按筆者過去接觸的個案反映，女孩的自我形象偏低，為了害怕被離棄，加添安全感，顯得容易纏著男友，最終反而造成分手的後果。另一方面，或許受母親在婚姻暴力中的影響，年輕的女青少年容易傾向選擇可以保護她的男朋友，但又容易陷入害怕被剝削的矛盾中（註八），她愈不想效法母親受虐，便愈需要倚賴強而有力的男性保護她，愈不能自拔地纏著男友，甚至利用性關係或不自覺的順從，以求達到受保護的目的，但這恐懼感卻會令自己更容易陷入另一段戀愛暴力中，成為受害者。

更極端的戀愛暴力，是會利用自殘身體、自殺、死在對方屋外等方式，以求達到控制對方的目的。這方面可從香港的報章中關於青少年的新聞報導中略見一二。

3. 早來的成年期

當一般人以為快樂的童年和滿懷夢想與大志的青少年期是唾手可得時，對生長在暴力家庭的青少年來說，這些要求都是難以達到的。不是因為他們不聰明、不勤奮，而是父母親的婚姻暴力，以至家庭暴力為他們帶來太多的負擔及壓力，迫使他們很快步入成年人的框架中，要女當母職或男當父職，以維持家中最基本的生存功能。例如：有時因為母親受傷入院，長女便要負責燒飯及照顧弟妹；又或是因為酗酒的父親打母親，鬧事而被拘留，長子便要擔起家中某些決策或賺錢維生的責任。

其實青少年要被迫扮演的角色很多，例如：英雄，即是要在各方

面表現出色，以求中和或淡化父母的衝突；又或是安慰者，縱然自己是父母吵鬧的受害者，卻要反過來安慰父母、家人。筆者也遇見一些青年人扮演代罪羔羊的角色，被迫背負家中所有不吉、不和及負面的責任。置身在當中的青少年實在扮演著最忙的一個支援者，以彌補父母的不足。總而言之，家庭暴力會造成種種阻礙青少年正常發展自我的障礙，令他們十分疲累。

服務期望及感想

看過以上的分析，了解到不同階段的青少年及兒童如何受家庭暴力的影響，相信讀者都能掌握到他們的需要。在服務建議方面，坊間已有很多學者及前線的工作者，提出精闢的見解，筆者無意在此班門弄斧，只想按自己的工作體驗，分享一些對社會服務的期望和感想。

(一)保護兒童並停止暴力延伸

還記得阿冰的故事嗎？阿冰是生長在暴力家庭小孩的一個典型例子，就是在孩提時期目睹家庭暴力的發生，也成為暴力發洩的對象，哪管是精神與肉體的暴力。及至長大後，自己再成為家庭暴力的受害人，受盡配偶多方虐待。雖然已帶著孩子離開配偶，但午夜夢迴，仍依稀記得過去暴力的爸爸施虐的情景。究竟家庭暴力何時會停止？阿冰，以至她的孩子何時可以完全脫離家庭暴力對他們的傷害呢？

其實，筆者是以不同年齡的小朋友為骨幹，闡述家庭暴力對他們的影響是有一個目的的，就是要清楚讓讀者知道家庭暴力實在影響家中不同年齡的小朋友甚鉅。他們是無辜的，卻要承擔來自上一代婚姻

暴力的後果。更令人擔心的是，倘若受影響的孩子沒有接受到適當的
疏導、輔導、支援及關心，暴力與無助、無奈感會潛藏在孩子心裡，
令他們可能再成為暴力的受害人。因此，不要小看家庭暴力對零歲至
六歲兒童的影響，家庭暴力實在影響到孩子的精神、面貌、心理及生
理。當暴力成為解決問題的習慣時，我們除了會看見愈來愈多的學齡
兒童打同學、傷害朋輩以至老師外，更不幸的，還會看見對愛人行暴
力的發生。這不能不令正在受暴力影響的朋友警惕，同時，也希望作
為專業人士的前線工作者，如社工、老師、醫護人員、臨床心理學家
及律師等，能以更敏銳的觸覺，儘早識別及協助受影響的兒童，阻止
家庭暴力的循環發生。

(二)小組多元的介入方法

在過去接觸來自暴力家庭小孩的經驗中，容易發現大部分的小孩
子很少主動提出父母的婚姻暴力及家庭暴力是如何影響自己。他們傾
向作沉默的羔羊，多數是在長大成人後（如阿冰），才憶起過去小時
候的家庭暴力、父母不和及打鬥的場面。鑒於這種沉默、壓抑、恐懼
會容易產生負面的情緒，專業人士應多用敏感的心靈去察覺及關心他
們。在得悉他是合適的介入對象時，適宜使用小組介入的方法，令他
有「你並不孤單」的感覺，也要多花心思在建立信任與安全感中。猶
記得在一次帶領小孩小組的經驗中，看見兩位男孩子發生衝突，他們
的暴戾與衝動的情緒被挑釁出來，開始打鬥。當筆者及另一位義工看
見後，將他們兩人分開，並分別用兩手抱著他們，鼓勵他們冷靜下
來。當他們冷靜下來後，筆者仍將手貼著他的身體，哼著輕輕的歌聲
讓他安靜，此時的孩子也發出哀鳴的聲音，仿如受傷的獅子。再過三

至五分鐘,當孩子可以對話時,工作人員再利用小組的技巧讓他與其他孩子一起檢討剛才發生的事情。筆者個人的反省是,與其用責罵,不如用身體語言去處理他本能自衛而帶來的不安及恐懼情緒。同時,也不要忽略身旁和小組中其他的成員,他們當中或多或少都有相類似的經歷,透過工作人員的身教,著重建立安全感與關懷,將有助小組的成長。

在小組介入技巧方面,筆者認為應針對暴力家庭中孩子特性的需要。針對十二歲以前的小孩子,遊戲治療是合宜的。筆者在此不再說遊戲治療的好處,但卻深刻的體驗到遊戲治療是一門易學難精的學問,不是單靠畫畫與講故事進入孩子心靈世界那麼簡單。猶記得看過一本外國書籍(註九),內文清晰指出如何用遊戲治療法輔導小孩子目睹父親殺死母親後的心理問題,可讀性甚高,宜加以參考。

另一方面,筆者近年參加了「一人一劇場」(play back theater)工作坊,發現此方法可用於十二歲或以上的年輕人,協助他們表達內心的感受,並增加反省機會,應多加嘗試(註十)。

(三)倡議關注受家庭暴力影響兒童及青少年的需要

筆者在撰文過程中,發現無論海外及香港對此題目的研究或讀本甚少,遠少於對受虐婦女的研究。就算是有關的題目,也仍侷限於因為婦女要入住庇護中心或接受其他服務,而附屬地對兒童作輔導。作為獨特的個體,他們特別的需要容易被忽視。即使以虐兒為主題,無論海外或香港,大部分的重點會放在身體及性虐待方面,而忽視了飽受精神虐待的那群沉默的羔羊。直至近年才有較多的聲音關注兒童目睹家庭暴力的遺害(Yeung, 2001),這未嘗不是一種進步。但對應於

那些潛藏在社區內的一群，他們每天繼續受家庭暴力的荼毒，又有誰能夠關心他們的需要，鼓勵他們儘早求助，接受不同類型的服務（不一定入住庇護中心），以減少暴力的遺害呢？

　　要有效地解決有關的問題，希望可以從肯定有關的問題開始。更重要的是，在確認有關的問題時，不應界定為個別的或家庭的問題，反而，應明白這是一個嚴重的社會問題。若問題不獲解決，整個社會，以至我們的下一代都要付出沉重的代價。

　　希望這篇文章，能引發讀者及關心這問題的社工多加思考，共同為保護我們的下一代免受暴力的遺害而出一份力。

註釋

註一：和諧之家年刊（1999 － 2000）。

註二：陳麗如（1998），《婚暴家庭的子女輔導》，勵馨社會福利事業基金會龍山婦女中心編，頁 119。

註三：和諧之家通訊（2001 年 7 月），〈給爸爸〉，香港：作者。第 28 期。

註四：陳高凌（2000），《家庭暴力對被虐婦女及其子女的影響研究》，基督教家庭服務中心暨香港大學社會工作及社會行政系。

註五：見註二。

註六：和諧之家年刊（1997 － 2000）。

註七：和諧之家有關戀愛暴力的調查報告（1998），〈浪漫背後、危機處處〉新聞稿。

註八：Judith Lewis Herman (1992). *Trauma & Recovery*. Pandora Edition. Ch.5, 96-114.

註九：Jean Harris Hendriks, Dora Black, Troy Kaplan (2000). 2nd Edition. *When Father Kills Mother: Guiding Children through Trauma and Grief*. London: Routledge.

註十：Jo Sales (1993, 1996). *Improvising Real Life - Personal Story in Playback Theatre*. Tusitala Publishing.

參考書目

Dickinson, A. (2001). Dangerous Dating. *Time Magazine*, Sept.17 2001, *158*(11): 60.

Hilberman, E., & Munson, K. (1980). Overview: The Wife Bearer's Wife Reconsidered. *American Journal of Psychiatry, 137*: 1336-1346.

Wolfe, D. A., Jaffe, P., Telford, A., & Austin, G. (1986). The Impact of Police Charges in Incidents of Wife Abuse. *Journal Family Violence*, pp. 37-49.

Yeung, C., & Lok, D. (2001). An Exploratory Study on Children's Account of Wife Abuse in Hong Kong. *A Research Monograph*. City University of Hong Kong and Harmony House.

吳慈恩（1999），《邁向希望的春天——婚姻暴力受虐經驗之分析與防治實踐》。高雄市：高雄家協。

第七章 / 兒童性侵犯

秦安琪

引言

　　近年兒童性侵犯的個案不論在西方或東南亞國家都不斷上升。性侵犯行為對兒童所造成的傷害及長遠影響是公眾和專業人士所關注的課題。雖然學者及專業人士開始就這個範疇作出探討，但是我們普遍對這個課題欠缺認識。本文嘗試從西方及香港的文獻了解性侵犯的定義、成因、對兒童的影響、治療及預防等五方面作一簡單介紹，望讀者在保護兒童工作及維護兒童福祉上共同努力。

何謂兒童性侵犯

　　「性」在古羅馬及古希臘時期被認為是自然不過的行為，是快樂的泉源，故無需要克制。在當時的社會裡，家庭外的各類性行為是被接納的，也在上流社會十分普遍。亂倫雖然不被社會所接受，但歐洲國家卻要到中世紀及十八世紀，因基督教會的影響才訂立有關的法例。性行為的主要目的是繁殖下一代，所以只應存在於婚姻關係內，而教會也成了執行這個道德標準的地方。到了維多利亞時代，教會的權力備受質疑，執行道德的工作便轉移到醫生的身上。

　　十九世紀末是第一個西方社會關注家庭外兒童性侵犯罪行受害者的時期，例如兒童賣淫，英美兩地的專業人士在保護兒童免受身體虐待及疏忽照顧的過程中，也接觸到很多的虐待／亂倫案例，所以於一九〇八年通過亂倫法（Incest Act）。及至一九七〇年代，性侵犯一詞首先在美國出現，當時的 Equal Employment Opportunity Commission

已公開指出性侵犯是一種對女性的歧視，是不能接受的行為。到了一九七六年，性侵犯被法定為一種歧視行為（Fitzerald, Swan & Magle, 1997）。該會於一九八○年把性侵犯界定為：「不受歡迎的接觸、性要求，及一切涉及性的語言或者非語言的接觸，或以恐嚇方式進行的性行為。」性侵犯行為則包括一切牽涉侮辱，或貶低女性的字句。不過，這個定義當時主要是針對發生在工作環境的性歧視，「兒童性虐待」則要到一九八六年才被歸納為一種獨立的兒童虐待（Department of Health and Social Security, 1988）。

由於香港曾經是英國的殖民地，所以當我們擬定有關兒童性侵犯的定義及處理程序時均參照該國的憲法。根據社會福利署「辨別虐待兒童事件的指引」（Social Welfare Department, 1998, p.1），兒童性虐待是指利用兒童取得性或色慾方面的滿足，如亂倫或利用兒童進行的性活動——撫弄、拍攝淫照、電影等。而在該署於二○○一年修訂的「處理虐待兒童個案程序指引」中（社會福利署，2001，頁 1-2），性侵犯是指牽涉兒童的非法性活動，或雖不違法，但所牽涉的兒童不能作出知情同意的性活動，就是兒童性侵犯，這包括：1. 無論發生在家中或其他地方，任何人士直接或間接對兒童作出的性利用或侵犯；2. 侵犯者是兒童的父母、照顧者，或其他成年人，甚或其他兒童，個別或有組織地進行；或 3. 以獎賞或其他方式誘騙兒童加以侵犯；以及 4. 侵犯者是認識的或是陌生人士。兒童由於心智尚未成熟，一方面他需要依賴成人的照顧，另一方面，他無法完全明白侵犯者對他所作的行為是不對的，故此不可能同意此等行為的發生。而在上列的修訂本裡也增加了以下的情況：兒童性侵犯個案有異於隨便的性關係，如以男童女童之間的隨便關係為例，雖然男童可能會觸犯猥褻侵犯（非

禮）罪行或與未成年少女非法性交的罪行，這與兒童性侵犯有異。

另一方面，性侵犯、性接觸和性虐待常被人交錯使用，李文玉清（2000,頁67）指出三者的密切關係：

1. 性侵犯：指一切透過暴力、哄騙、討好、物質誘惑或方法，誘導兒童進行性接觸，達至侵犯者性滿足或目的的行為。

2. 性接觸：包括接觸的行為，如：性交、淫穢、口交、愛撫等；但常被忽略的包括沒有接觸的行為，如：向兒童播放、要求或強逼兒童觀看色情電影、拍攝兒童裸體照、強逼或利用兒童從事色情行業等。

3. 性虐待：對人進行性侵犯，致身體精神上的短暫或長遠的傷害。

香港的現況

在香港，防止虐待兒童會接獲的懷疑兒童受性侵犯舉報在過去逐年增加。在一九八二至八三年，防止虐待兒童會只收到一宗性侵犯兒童的舉報（佔所有熱線的0.4%）。一九九四至九五年，舉報增至五宗（4.2%）。二〇〇一至二〇〇二年邊增至一百零八宗（14.7%）。截至一九九四年九月，經社會福利署及非政府機構處理的性侵犯個案為七十三宗。到了一九九七年九月及二〇〇〇年九月，個案分別增至二百二十九宗及二百五十二宗。

外地的學者在過去的數十年就兒童性侵犯的定義、特徵、成因、影響、侵犯者的背景及對侵犯者、被侵犯兒童和他們家庭的治療等方面作出了無數的研究。在香港方面，一些關注兒童性侵犯的團體及學者近年也有就此課題作出探討，研究目的包括公眾人士對兒童性侵犯

的看法（浩洋青年商會及防止虐待兒童會，1995）、被性侵犯的經驗
（婦女關注性侵犯委員會及防止虐待兒童會，1992；浩洋青年商會及
防止虐待兒童會，1995；Caritas Family Service, 1996; Ho & Lieh-Mak,
1992; Tang & Lee, 1999; Tsun, 1999）、校園暴力（趙維生，2002）和
預防活動的成效（秦安琪、防止虐待兒童會及香港明愛，2001）。事
實上，根據香港明愛家庭服務在一九九六年的調查，經該會家庭服務
中心處理而參與童年性侵犯研究的五百九十二名成年服務對象，其中
三百四十六名（58.5%）指出他們童年時曾受性侵犯，從中可顯示有
需要提供兒童性侵犯預防計畫以保護兒童免受性侵犯。因應這個社會
問題的浮現，政府於一九九五年成立保護兒童特別調查組（Child Pro-
tective Special Investigation Team, CPSIT），並於一九九七年制訂了一
套兒童性侵犯處理程序，好讓我們及早辨識和評估這問題，其後並於
一九九九年及二〇〇〇年先後作出修訂。

　　無可否認，政府及大眾市民對兒童性侵犯的關注是有目共睹的。
然而，香港仍缺乏有關性侵犯的成因及治療方面的研究及著作，故以
下的資料多參考外國的文獻。侵犯者若非兒童所熟悉的人士，一般都
從刑事的步驟去處理，跟家庭內的兒童性侵犯不盡相同。本文章所涉
及的侵犯者則是兒童所認識的人士，包括兒童的家長、監護人或兄弟
姊妹等。

🌸 成 因

　　無論在任何時候或情況之下，受害兒童都不需要為性侵犯行為負
責，那麼，侵犯者應否為他所作的行為負全責？究竟是甚麼因素令他

／她傷害自己的至親？

㈠個人的心理問題

雖然兒童性侵犯一詞在八〇年代才正式被使用，但最先用作解釋家庭亂倫事件的理論是著名心理學家佛洛依德的心性理論。他認為「戀母嫉父情結」（Oedipus complex）是此類事件的源頭。到了兒童階段，男孩子會不自覺地戀上母親；女孩子則會戀上父親，並會作出挑逗性的行為，以致亂倫事件的發生。這個理論被評為把一切責任都推到受害兒童身上。到了九〇年代初已鮮有人以此理論分析兒童性侵犯。

從前，我們以為性侵犯者都是雨衣怪客，到了現在，我們都知道性侵犯者跟一般人無異，他們來自不同行業、階層，有不同的外表和身形，可能是失業者或大學教授、牧師。不過，研究發現由於性侵犯者可能性格出現問題，所以有以下的特徵：自我價值偏低、感到被忽略、期望被別人接納、害怕權威者，有身體、精神或情緒上的障礙，是獨行者，童年曾被虐待（Prendergast, 1996）。然而，更值得我們留意的是很多的性侵犯者卻是隔鄰友善的叔叔，或肩負照顧兒童責任的父母親。Phelan（1995）訪問了四十名父親（當中包括十四名親生父親、二十六名繼父），他們曾經性侵犯年齡由二至十四歲的（繼）子女。這些父親都不約而同被報導與子女的性接觸都由平常的接觸演變到親吻、愛撫，甚至性行為，而他們的藉口往往是「我開始把她看成一個成熟的女性，一個『性物體』多於一個小孩」、「壓力令我不能自控」、「我只是想跟子女親密一點而已，但不知何故事件就這樣發生了」。故此，侵犯者的心理需要受關注，而性侵犯行為往往由日常

的生活接觸演變而來，不單受害兒童，其他家人也未必能有效地辨識
出來。

(二)家庭功能問題

　　另一個愈來愈被接受的原因就是家庭動力。亂倫是牽涉家庭每一
位成員的事件，並反映了家庭存在有問題，當中包括夫妻問題。受害
兒童的父母較少感情交流，彼此很少商議家中的事務，夫妻的婚姻或
性生活出現問題，由於其中一方，通常是丈夫，覺得配偶並不是好伴
侶，未能從配偶處得到精神支持或性方面的滿足，而受害兒童正好與
侵犯者有著密切的關係，對侵犯者信任或依賴；在某些情況下，母親
因為要上夜班，以致父親跟受害兒童有單獨相處的機會。以上的因素
都可能使受害兒童處於高度危險的環境之中，得不到適當的保護。

　　Stern 及 Meyer（1980）與 Trepper 及 Barrett（1986）分別列出以
下跟亂倫有關的夫妻溝通模式：

1. 佔有－被動（possessive-passive）──丈夫表面上是一位傳統
   並負責任的一家之主，在家裡，他極度專橫；反之，他的太太
   十分被動，子女則十分依賴，並順從父母，包括他們的性要
   求。

2. 依賴－支配（dependent-domineering）──跟上一類恰好相
   反，丈夫是依賴、無主見的人。除了因為酒精或藥物的影響，
   他在家中一點權威都沒有，並依賴太太的支持和照顧；而太太
   則是一位十分獨立，教育程度高、果斷能幹的人，但她對子女
   通常較冷漠。在這種情況下，丈夫不能從太太處得到支持，而
   轉向有相同需要的子女。

3. 過分依從（incentrogenic）和混亂（chaotic）——夫婦倆都是依賴對方的人，只希望得到對方的情緒支持，他們的自我控制力弱，不但不能滿足配偶的需要，更遑論作為父母的角色了。

另一個家庭特徵是界線含糊不清。在這些家庭中的角色和分工不明確，子女可能充當了父母，成了父母的照顧者，或者處於父母的爭執當中。為了補償父母惡劣婚姻關係的痛苦，子女便滿足他的要求、照顧他的需要。而在兄妹的亂倫事件中，成人都把事件當作「性遊戲」（sex play）處理，尤其是當侵犯者跟受害者的年齡只相距五歲或以下。個案的資料（Tsun, 1999）告訴我們除了個人因素外，一些被忽略的兒童會從兄弟姊妹處獲取溫暖和關懷。到了青春期，被重視、愛護的需要演變成性接觸，個人的界線變得混亂了。

(三)女性主義

女性主義力倡兒童性侵犯是父權社會的產品。無論在工作環境或家庭內，男性一直處於較有利的位置，他們是上司、主管、老闆或是一家之主，權力一直都較女性和兒童為高，男性便利用這些女性與兒童弱勢來滿足一己的私慾。而一些在社會被欺壓的男性透過性侵犯行為讓自己的不快和壓力渲洩在比他們更弱小的兒童身上，好讓自己覺得一切在掌握之中。對女性主義的倡導者而言，家庭外或家庭內的性侵犯並無分別，性侵犯行為是一種罪行，需要透過法律行動、懲罰和治療去處理。除此以外，Corcoran（1998）指出一些母親的確並不知道事件的發生，即使知道，她們也可能因為經濟壓力，欠缺支持，也處於既要保護丈夫、也要保護子女的兩難之中。然而，社會卻只把責

任歸咎於非侵犯家長身上，埋怨她無法保護子女和停止丈夫的行為，卻忽略了她也是被壓迫的一群。

(四)生態理論（Ecological Model）

　　早於一九八〇年，Belsky（1980）提出了一個可助分析虐兒成因的理論。他認為虐待兒童並非個人、家庭或社會其中一方面的問題所致，乃是各個層面（level）的綜合影響而來。除了前述的個人層面（ontogenic system）和家庭層面（microsystem level）外，兒童性侵犯事件是社會層面（exosystem level）和文化層面（macrosystem level）的互動影響，而在家庭及社會裡持續發生。例如若兒童欠缺適當的依附體便可能處於危險狀態中，吸引了侵犯者，使他有機可乘。兒童生長在功能失調的家庭，夫妻關係疏離，因而影響父母的照顧功能，加上社會認為孩子需要服從大人的指令，於是在社教過程中兒童學會了聽從及信任長輩的話，性侵犯事件成了家庭祕密，於是不被發現。家庭結構的改變、家庭功能失調、家庭祕密令兒童受性侵犯的機會增加。

　　另外，隨著母親加入勞動市場，兒童的照顧便落在其他家人或社會機構的幼兒服務身上，這些機構及人士是否對保護兒童有基本的認識？它／他們能否為兒童提供安全的環境？現時兒童在學校的時間愈來愈長，學校在兩性角色、平等方面的教育對兒童的自我保護起了很大的作用。筆者很高興香港社會正視兒童性侵犯的問題，而不是採否認逃避的態度。不過，我們的社會力倡兒童應服從父母，也忽略某些家庭，例如單親家庭的需要，甚至歧視他們，令他們感到孤立無援，這些家庭的子女便處於危險狀態中。因此，兒童性侵犯是個人、家庭、社會及文化各層面互動影響而得以持續的，所以，治療及預防工

作應顧及各個層面。

性侵犯對受害兒童的影響

近年，不少研究都發現如果不及早治理，受害兒童的身心必定受到負面的影響，甚至妨礙成年後的功能。通常，我們可以從兒童的生理、情緒及行為表現窺探一二（見表一），而不同年齡的兒童所顯露的表徵略有不同（李文玉清，2000；防止虐待兒童會，2001；陳若璋，2000）。

表一：兒童受性侵犯的生理、情緒及行為表徵

	年幼的兒童	較年長的兒童及青少年
生理表徵	• 下體經常發炎、有瘀傷 • 成長倒退，如忽然尿床 • 行走時下體有疼痛、兩腿內側瘀血紅腫	• 厭食或暴食，體重下降或暴升 • 長期腹痛及胃痛
情緒表徵	• 變得退縮、不合群 • 極度害怕獨處，不願與成年人的目光接觸	• 情緒變得低落、抑鬱 • 極端自我，這往往能從受害人不重視個人儀容及清潔衛生反映出來 • 有自毀傾向或企圖自毀
行為表徵	• 經常作惡夢，不能熟睡 • 懂得超出自己年齡所懂的性知識或性行為 • 畫人物時畫出性器官 • 拒絕別人給他／她換衣 • 過量的手淫傾向 • 害怕與某些他／她熟識的人接觸	• 學業猛退、曠課，甚至逃學 • 經常離家出走或放學後不願回家 • 變得退縮、不合群 • 對人不信任 • 突然害怕男性 • 害怕某些跟他／她接觸的人 • 表現出攻擊性行為，例如襲擊別人的私處 • 經常向男性作出挑逗性行為，對性十分隨便，甚至自願賣淫

無疑，其他的心理問題或虐待都可能導致上列的表徵，但家長、老師、專業人士若能對以上的特徵提高警覺，定能儘早辨識有需要的兒童，為他們提供適當的輔導。

(一)長遠影響

以上的生理表徵很多時候會持續至兒童長大成人。這些曾經受創傷的成年人會經常感到頭痛、胃痛或身體某些部位出現不明的痛楚，會有失眠、作惡夢、厭食或暴食等情況。除此以外，也可能出現下列心理和社交的問題。

1. 自我形象偏低

受害人大多會討厭自己的身體，總是覺得或害怕自己不夠漂亮，外形全不吸引人、自己沒有價值、一無是處等等。

2. 自責和內疚

當受害兒童日漸長大，開始明白到發生在自己身上的事件是不當或不道德的行為時，除了感到憤怒外，也會責怪自己未大聲呼叫，因而令對方得逞。如果受害人是被親人侵犯，他／她會責怪自己沒有拒絕對方，甚至因為當時對這些接觸感到舒服、沒有阻止這行為而感到無比內疚。

3. 無助和自毀行為

由於自己未有拒絕侵犯者的行為，甚或「歡迎」那些行為而令受害者長期陷於負面情緒的深淵，強烈的無助感跟受害人的自我價值有

著密切的關係。正如 Bandura（1986, 1997）所言，當一個人認為自己的行為無法達至預期的效果，或者不能改變環境的時候，無能感渾然而生。這個感覺令他／她相信自己無論做甚麼都不能控制環境，因而產生負面情緒和無助感。無助感不但影響人的自我價值，也令人出現自毀的念頭。

4. 人際關係

一般而言，每一個人都希望得到別人的愛護和關懷，與別人建立親密的關係。但基於一些受害者對人失去信心，親密的關係可能令他／她回憶痛苦羞恥的經歷；對於另一些受害人而言，他／她需要依賴別人建立自我價值，對朋友或者配偶要求親密的關係，令彼此欠缺空間而感到窒息。總括而言，他們既渴求親密的關係卻又避免這種關係，經常陷於矛盾之中，並且影響人際關係，尤其是兩性／夫妻關係。

5. 創傷後壓力症候群（Postraumatic Stress Disorder, PTSD）

無數的研究顯示很多曾受性侵犯的受害者都有相似的身心反應，因而統稱這些徵狀為創傷後壓力症候群：（陳若璋，2000，頁 53）

- 受害者腦海裡經常出現過去那些恐怖的經驗。
- 受害者會對某些特殊的對象，如醫生、有鬍子的人，或某些特殊的情境，如在電梯裡、在黑暗的地方有長期且高度的恐懼反應。
- 受害者知道過去有一個可怕的經驗發生在自己身上，但是怎麼也想不起詳細內容。

・受害者時常作惡夢，心中充滿恐懼。

・受害者覺得自己在危險之中，必須時時保持警覺。

上列的行為及情緒反應雖然也見於其他類別虐待的受害人身上，但不是每位被性侵犯的兒童長大後的自我形象均偏低或有自毀傾向，因為他們的創傷程度跟所得到的支援有關。

(二)創傷程度

即使遭遇同樣不幸的經歷，反應是因人而異的。這些異同跟性侵犯行為的嚴重程度有關（陳若璋，2000），例如身體被無故碰撞應比強行接吻或強迫性交的影響為輕；侵犯者是陌生人的影響較親人的為小。近年，研究（Prendergast, 1996）指出下列影響受害人復原的因素：

・受害人在被侵犯時的自我強度。

・受害人認為事件的責任歸誰——如果她充滿自責內疚，負面影響會較大；如果她認為是侵犯者的錯，則負面影響會顯著減低。

・遇事與接受治療中間相隔的時間愈長，負面影響或所經歷的問題愈大；相隔時間愈短，則康復或適應所需的時間愈短。

・家人、兄弟姊妹或朋友的支持愈多，對受害人的信任程度愈大，負面影響會相應減低。

・重返校園的時間愈快、學校老師和同學對受害人重返校園的接納和支持態度均可減低，減低事件帶來的創傷。

・專業人士如警務人員、法官、社工及其他權威人士對受害人的態度。

．宣判的結果。

除此以外，大人的反應，包括侵犯者的恐嚇跟長遠影響有莫大的關係。

1. 大人的反應

事實上，所有受性侵犯的兒童都曾經透過行為或者情緒告訴大人他需要幫助，而大部分的兒童會嘗試把事件告訴信任的人，例如家長和老師。毫無疑問，當這些成人聽到有關的性侵犯事件都會感到突然，以致不相信或不知所措。遇著脾氣惡劣、有行為問題的兒童，通常大人只會把問題行為內化，認為是兒童本身的問題，更會懷疑事件的真實性。其他成人可能認為兒童的申訴若被公開會導致家庭決裂而對他們加以責備和埋怨。成人們的反應已經告訴了兒童，他的說話不被接納。

如果家長／老師的反應是：「亂講！」「真的嗎？」「你為什麼現在才告訴我？」都代表大人不信任兒童的話。如果侵犯者是兒童的父／母親或兄弟姊妹，大人更可能斥責兒童在撒謊，引人注意。研究結果（Roseler & Wind, 1994）顯示很多兒童因為大人對他們的話存疑，並且責備他們，以致他們長大成人後都不會再向別人透露自己的遭遇，只會把自己的內心關起，不斷自責，認為一切都是自己的錯。

2. 侵犯者恐嚇

侵犯者也會出言恐嚇受害兒童，如果他／她將事件告訴任何人，侵犯者會被判刑，媽媽會很傷心，或者若她不就範便對弟妹進行性侵犯等；也會以金錢或禮物送予兒童。侵犯者這些行為都阻止了兒童向

別人透露性侵犯事件。

㈢保護兒童工作過程對兒童的影響

　　毫無置疑，政府及保護兒童的專業人士都是為兒童的福祉而努力，可是，我們往往忽略了保護兒童的程序、保護兒童的專業人士的反應對受侵犯兒童及其家庭的影響。

1. 調查過程

　　在這十年間，我們喜見警務署和社會福利署分別為不同的專業人士如社工、幼稚園／幼兒園老師、中小學老師、心理學家及醫護人員等提供有關兒童性侵犯的訓練，並成立了虐兒案件調查組（CAIU）和保護兒童特別調查組（CPSIT），讓兒童無需重複受侵犯事件的過程，也減低專業人士在調查過程中的個人偏見。不過，我們得注意在整個程序裡，各專業人士可能多集中在了解／證實事件是否性侵犯而忽略了受害兒童及其家人的個人感受和經歷。

2. 成人對受害兒童的信任

　　警方或專業人士需要保護受害兒童，也同時要保障侵犯者的權益，使他們得到公平和公正的對待，在過程中自然要確保各人說話的可信性（credibility）。可是，這往往為受害兒童及其家庭帶來更多傷害，因為他們可能感到自己的話得不到其他成人的接納和信任。對涉案的侵犯者而言，也可能會懷疑專業人士偏幫受害兒童，影響調查工作（Bagley, 1999）。如前所述，經常撒謊、有行為問題的兒童，或有違規行為的侵犯者，情況更為嚴重。

3. 遷離家庭的決定

無論是性虐待或其他種類的虐待或疏忽，通常的處理方法是確保兒童被安置於安全的環境中。以往，兒童都會被送到醫院或兒童院，現時，他們可以暫時居於親人的家裡，目的為避免令兒童因陌生的專業人員及環境更為害怕，但是這個步驟仍然頗具爭議。支持暫時把兒童遷離的人士認為這不單可以保護該童，更可以阻止家人左右了兒童對事件的憶述，因為有些家人會嘗試阻止兒童如實報導。反對把兒童遷離家庭的人士則認為這個做法會令兒童更加認定是自己的錯，所以不能返回家裡，即使輔導人員詳加解釋，兒童仍會以為父母不再愛自己了。很多時候是保護兒童的程序和步驟，而非性侵犯事件留下創傷，這些人士也認為應該是侵犯者而非受害兒童被遷離。

大部分的受害兒童最終都會返回家中跟父母同住（Cleaver & Free-man, 1995; Farmer & Owen, 1995），父母的參與對治療兒童的創傷十分重要。不過，性侵犯事件也給非侵犯家長很大的壓力，故此，他／她的參與和輔導同樣重要。

㈣夥伴關係的重要性

與侵犯家長建立夥伴關係十分重要，每一個家庭、每一個人都希望得到關懷和照顧。若家長們並不明瞭專業人士的工作及按照保護兒童工作的程序的需要，他們很容易會對繁瑣的程序產生反感，認為工作員沒有聆聽他們的困難，對個人及家庭漠不關心，一切只是「依本子辦事」。而專業人士忽略了家人一同商議的原因主要有兩點（Jackson & Tuson, 1999）：

1. 侵犯家長未能保護兒童免受性侵犯，故亦不是「好家長」（adequate parent）。
2. 在保護兒童工作的過程，專業人士多把注意力放在資源運用上，如他們首先得確保兒童的安全，於是關注的自然是把兒童留在醫院或返回家中的決定，接著是了解事件，好為多元專業會議作好準備，商討兒童的福利計畫（welfare plan）等。

既然兒童所受到的創傷及事件對他／她的成長之影響跟成人的反應有很大的關係，而成人，尤其是兒童的家長的反應則跟處理程序有關，專業人士有必要關注他／她的情緒需要，而不是把注意力集中在執行程序上。

兒童性侵犯的輔導與預防

預防工作可分為以下三個層面：個人及家庭輔導、團體輔導，和社區教育。

(一)個人及家庭輔導

當然，在處理兒童性侵犯事件第一個必先進行的是調查事件的真確性。若事件屬實，經過多元專業人士會議訂定跟進工作後，接下來便是受害兒童及其家人的輔導工作。不同的學者（Furniss, 1991; Salter, 1995）都不約而同地列出以下六個治療兒童性侵犯的目標：

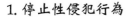
1. 停止性侵犯行為

如前所述，首要的工作是確保兒童得到保護，性侵犯行為完全停止，必要時須把兒童暫時遷離到安全的地方暫住。

2. 各家庭成員明瞭所發生的事

遇有家庭性侵犯事件，牽涉其中的通常只有侵犯者、被侵犯兒童和非侵犯家長，待專業人士了解受害兒童的兄弟姊妹未有被侵犯後，這些家庭成員便像消失在整個調查及輔導過程中。雖然不曾被性侵犯，受害兒童的兄弟姊妹同樣受到調查過程的影響：不同專業人士的介入、家訪、侵犯者被帶走、受害兒童突然消失（有些甚至不知道她是入了醫院）、非侵犯家長（母親）顯得煩躁、憂慮等的困擾。如果他們對事件的提問被否定，便不敢再發問了。毫無疑問，當他們估計事件跟受害兒童有關，而若他們之間的關係並不是親密的話，很自然便把內心的疑惑、不安、憂慮都發洩於受害兒童身上。因此，為著受害兒童、他的兄弟姊妹的情緒和整個家庭的重組，專業人士應把事件及每一個步驟以他們明白的語言告訴各家庭成員，專業人士跟家庭的夥伴關係才可建立。當然，最理想的是誘導及協助非侵犯家長向其他成員解釋事件，並由輔導員處理各人的情緒。

3. 侵犯者承認責任及向受害兒童道歉

因為受害兒童感到內疚、自責、自我埋怨，輔導中協助他們消除這些負面情緒是治療中十分重要的一環。最理想的一個方法便是由侵犯者告訴受害兒童並無犯錯，只有侵犯者一人應對侵犯行為負責，他

的行為是錯的，他對受害兒童感到深深歉疚，他告訴別人的決定是正確的。而最重要的是侵犯者的道歉是真誠而不是藉此再次控制受害兒童。

另一方面，其他家庭成員的參與和支持在這個過程同樣重要。並不是每一位侵犯者都認為自己有錯或願意向受害兒童道歉的，在這情況之下，輔導員要把這個要點重複告訴受害人，以減低他們的負面情緒。這樣，無論對家庭的凝聚力、受害兒童的輔導工作都有莫大的幫助。

4. 促進受害兒童與非侵犯家長的關係

非侵犯家長除了即時的憤怒和驚訝外，不信任受害兒童是自然的反應。如果侵犯者是家中的經濟支柱，非侵犯家長便會擔憂日後的生活；另一方面，家庭內的性侵犯被揭發後對家庭的經濟、婚姻關係都會出現一定程度的影響。所以，非侵犯家長對受害兒童的內疚、責備、埋怨抑或憤怒都必須處理，好讓他們的關係在支持的環境下重新建立。

5. 家庭重組

兒童在成長階段極需要父母的愛護和支持，因此，受害兒童的治療也是家庭治療。家庭內的性侵犯所涉及的子女不單是受害兒童，也包括侵犯者（家長或兄弟姊妹），而受害的也可能包括兄弟姊妹、知情或不知情的非侵犯家長，故此，每一個家庭成員的情緒都會受到影響，而事件可能反映家庭的功能，尤其是父母的功能失調。若侵犯者需要坐牢，家庭的結構便無可避免地需要重整，例如，一些子女要負

起家長的角色協助照顧較年幼的弟妹。Matthews、 Raymaker 及 Speltz
（1991）跟進了五個家庭，並請專業人士列出家庭重組的指標供我們
參考（見表二）。

表二：家庭重組指標

	指標
受侵犯者	• 可以意識及談論性侵犯事件 • 不為事件自責 • 願意與家人重聚 • 深信自己如不幸再次遇到類似事件會告訴他人 • 即使侵犯者重返家園仍感到安全及被保護
侵犯者	• 為事件承認責任 • 對受害者表現同理心 • 對事件感到遺憾 • 願意與受害者探討事件並且向她道歉 • 明瞭自己的性侵犯動機 • 處理童年或原生家庭的經歷
非侵犯家長	• 將保護受害兒童的安全放在首位 • 能夠斥責侵犯者並能表露內心的情緒 • 可以公開談論事件 • 認同侵犯者應負全責 • 不指責或埋怨受害者
其他家庭成員	• 致力重整家庭 • 接受治療或輔導 • 可以一同談論事件 • 找出危險的因素及訂立保護計畫 • 合力成為支持系統卻不孤立自己 • 健康的溝通 • 實質的改變

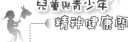

6. 學習寬恕

兒童對事件的了解可能被歪曲成為是他們的過錯,引致內心充滿內疚和驚慌。要疏導這些情緒,其中一個方法是在安全的環境下讓兒童把經歷憶述出來。遊戲治療是一個很好的方法,利用洋娃娃、布質玩具、角色扮演或繪畫,可以幫助語言能力仍在發展中的小孩表達情緒。在輔導的過程中,我們也要明瞭及肯定兒童喜歡侵犯者,甚至那些性/身體接觸、他們的生理反應是自然的反應,所以無需為此而感到內疚。一些兒童到長大後仍難消除內心對侵犯者的憤怒,也未必每一位受害人都可以寬恕侵犯者。不過,最重要的是他/她有足夠的時間和空間把情緒抒發出來。

至於侵犯者的治療方法,從法律的角度,性侵犯行為是一種罪行,侵犯者理應受到法律制裁。不過,他仍然是受害兒童及其兄弟姊妹的至親;另外,如果他是童年性侵犯的受害者,他也需要適當的輔導,好讓他所受的傷害得以減低甚至消除。對於侵犯者的治療,主要包括針對他們歪曲的認知、了解受害人的感受、性需求及自我控制等。

大部分成年人在理性上都明白性侵犯是不可接受的行為。因此,性侵犯者在進行性侵犯行為之前,必先要說服自己「我並沒有犯錯」,並有意或無意間讓自己處於有利的位置,好能接近受害兒童。筆者曾接觸一位單親父親,他堅稱自己並沒有侵犯他的女兒,他是依照專家所言,在家中進行性教育。況且,女兒的貞操遲早會被那些臭小子奪去,他也深信女兒同意他的想法,不然,她開始的時候便會拒絕他。就是類似的意念或決定,侵犯者便經常利用與受害者接觸的機

會去滿足自己在性或暴力方面的需要。

現時，專業人士通常採用的心理治療方法包括行為治療、理性行為治療以協助侵犯者了解受害人的感受。另外，一般的侵犯者自我控制能力較弱，他們知道自己不對，但卻不能控制自己的行為。治療過程是讓侵犯者明瞭他是絕對可以控制自己的思想、情緒和行為。治療也包括向受害兒童認錯，停止侵犯行為，充權（他是可以選擇利用別的方法滿足自己的需要，抒發自己的情緒）。認知行為治療法可讓侵犯者消除合理化的念頭，明白受害人的沉默並不是歡迎他的行為、兒童未有反抗不表示她認同及歡迎這些接觸。再配合處理壓力的技巧，消除高危險因素，如暫時不與兒童獨處、訴說童年的經歷等，以幫助侵犯者脫離性侵犯行為。

(二) 團體輔導

西方的研究指出，成人受害者在接受了團體輔導後都能減低內疚感、無助感和孤獨感，對她們的人際關係及自我價值有莫大裨益。Chew（1998）的十三個小組是為曾受性侵犯婦女而設，為期十五節的聚會。第一節是互相認識，並商討以後章節的內容，第十五節是總結；而第二至十四節則包括以下的主題：受性侵犯的經驗、情緒、抑鬱、自我價值、憤怒、恐懼、人際關係、管教、有效的解決方法等。而在香港，各志願團體，尤其是防止虐待兒童會、香港明愛家庭服務、香港家庭福利會等都致力提供團體輔導予受害兒童及侵犯者。

(三) 社區教育

除了對受害兒童、侵犯者、非侵犯家長及其他家庭成員的個人、

家庭及小組輔導外，預防性侵犯的工作應包括以下四方面：(1)兒童自我保護的教育；(2)家長教育、老師和專業人士的訓練；(3)公眾意識的提升；(4)決策者的教育。

1. 兒童自我保護的教育

香港的一項研究（Tang & Lee, 1999）發現七十七名年齡由十一至十五歲的智障人士對性侵犯的認識不足，而且受訪者沒有足夠能力保護自己免受性侵犯，同時也難以舉報這些行為。因此，兒童需要有個人安全的概念和技巧以保障自己免受性侵犯，了解無需要為侵犯者保密。關注兒童性侵犯的學者和機構因此發展了一些預防課程。Tutty（1995）將這些預防課程的內容歸納為十項要點，即(1)身體的擁有權；(2)好與不好的接觸；(3)私人的身體部位；(4)不再是祕密（no secrets）；(5)識別陌生人；(6)詭計；(7)可以說出來；(8)認識的人的觸摸；(9)過失與指責及(10)男童受性侵犯的危機。Kohl（1993）建議課程應概括三方面：(1)預防技巧（prevention techniques）；(2)要將侵犯事件說出來（appropriateness of disclosure）及(3)兒童不應為被侵犯負責任（children are not responsible for abuse）。

2. 家長教育、老師和專業人士的訓練

家長、老師及專業人員經常是兒童首先透露受侵犯的對象，因為他們通常是兒童們最容易接觸到的人士，而且與兒童有著持續的關係，所以他們也是保護兒童教育的對象。要儘量使更多受害兒童及時受到保護，成年人便需要有足夠的警覺性和知識，去辨識及處理兒童性侵犯事件。近年，無論社會福利署或各志願機構都致力為各專業人

士及家長提供兒童性侵犯預防課程，學者及相關的機構就該等課程的研究也證明它們在增加專業人士和家長這方面的知識有顯著效用（秦安琪、防止虐待兒童會及香港明愛家庭服務，2001）。

3. 公眾意識的提升

兒童性侵犯的預防及治療也有賴社會人士的努力，如上所述，成人對兒童性侵犯的看法、對受害兒童及其家庭的反應跟兒童所受的創傷有直接的關係。故此，有必要提高公眾對兒童性侵犯的認識，改變他們對兒童的態度及行為，並鼓勵他們參加討論，為兒童謀福祉。要達到這些目的，大眾傳媒可以利用刊物及節目廣播，傳遞有關性侵犯及保護兒童的訊息，政府及有關機構也要透過不同的途徑廣泛宣傳和發放相關的資訊。

4. 決策者的教育

Rispens等人（1997）在檢討十六個兒童性侵犯預防課程時，發現教導時間與課程效用有直接的關係。可是研究（秦安琪、防止虐待兒童會及香港明愛家庭服務，2001）指出一般為家長或兒童提供的預防訓練為時只有四十五分鐘至四小時，原因是要配合學校或青少年中心的課程和活動。這樣一來兒童及家長沒有足夠機會深化所學到的個人安全技巧，二來反映了行政人員或決策者對此等課程和訓練欠缺了解和重視，顯示為行政人員、贊助者及政策制訂者而設的教育同樣重要。

總結

相信讀者都同意兒童性侵犯不單是影響著兒童、侵犯者及整個家庭的成長，它也是與社會文化因素互動下的成果。所以，要預防性侵犯，必先要提升兒童及公眾對侵犯者的認識，好讓兒童可以在安全的環境下成長。

Bagley, C. (1999). Children First: Challenges and Dilemmas for Social Workers Investigating and Treating Child Sexual Abuse. In C. Bagley & K. Mallick, *Child Sexual Abuse and Adult Offenders: New Theory and Research* (pp. 27-50). Adershot, Hants: Ashgate.

Bandura, A. (1986). *Social Foundations of Thought and Action: A Social-Cognitive Theory.* Englewood Cliffs, NJ: Prentice Hall.

Bandura, A. (1997). *Self-efficacy: The Exercise of Control.* R. R. Donnelley & Sons.

Belsky, J. (1980). Child Maltreatment: An Sociological Integration. *American Psychologist, 35*(4), 320-335.

Bolen, R. M. (2001). *Child Sexual Abuse: Its Scope and Our Failure.* New York, NY: Kluwer Academic/Plenum Publishers.

Bray, M. (1997). *Sexual Abuse: The Child's Voice.* London, UK: Jessica Kingsley.

Caritas Family Service (1996). *Study on Childhood Sexual Abuse Experiences.* Hong Kong: Caritas-Hong kong.

Chew, J. (1998). *Women Survivors of Child Sexual Abuse: Healing through Group Work Beyond Survival.* New York, NY: Haworth Press.

Cleaver, H., & Freeman, P. (1995). *Parental Perspectives in Cases of Suspected Child Abuse.* London, UK: HMSO.

Corcoran, J. (1998). In Defense of Mothers of Sexual Abuse Victims. *Fam-

ilies in Society: The Journal of Contemporary Human Services, 79(4), 358-369.

Corby, B. (1998). *Managing Child Sexual Abuse Cases*. London, UK: Jessica Kingsley.

Dale, P. (1999). *Adults Abused as Children: Experiences of Counseling and Psychotherapy*. London, UK: Sage.

Department of Health and Social Security (1988). *Working Together: A Guide to Arrangements for Inter-agency Cooperation for the Protection of Children from Abuse*. London: HMSO.

Farmer, E., & Owen, M. (1995). *Child Protection Practice: Private Risks and Public Remedies - Decision Making, Intervention and Outcome in Child Protection Work*. London, UK: HMSO.

Fitzherald, L. F., Swan, S., & Magley, V. J. (1997). But was It Really Sexual Harassment?: Legal, Behavioral, and Psychological Definitions of the Workplace Victimization of Women. In W. O'Donohue (Ed.), *Sexual Harassment: Theory, Research, and Treatment* (pp.5-28). Boston: Allyn & Bacon.

Furniss, T. (1991). *The Multi-professional Handbook of Child Sexual Abuse: Integrated Management, Therapy & Legal Intervention*. London, UK: Routledge.

Ho, T. P., & Lieh-Mak, F. (1992). Sexual Abuse in Chinese Children in Hong Kong: A Review of 134 Cases. *Australian and New Zealand Journal of Psychiatry, 26*, 639-643.

Jackson, S., & Tuson, G. (1999). Mothers' Involvement in Child Sexual

Abuse Investigations and Support: Community Care or Child Protection? In C. Bagley & K. Mallick (Eds.), *Child Sexual Abuse and Adult Offenders: New Theory and Research* (235-251). Aldershot, Hants: Ashgate.

Kohl, J. (1993). School-based Child Sexual Abuse Prevention Programs. *Journal of Family Violence, 8*(2), 137-150.

Matthews, J. K., Larson, P. R., & Speltz, C. F. (1991). Effects of Reunification on Sexually Abusive Families. In M. Q. Patton (Ed.), *Family Sexual Abuse: Frontline Research and Evaluation* (pp.147-161). Newbury Park, Calif.: Sage.

Phelan, P. (1995). Incest and Its Meaning: The Perspectives of Fathers and Daughters. *Child Abuse & Neglect, 19*(1), 7-24.

Prendergast (1996). *Sexual Abuse of Children and Adolescents: A Preventive Guide for Parents, Teachers, and Counselors.* New York, NY: Continuum.

Renvoize, J. (1993). *Innocence Destroyed: A Study of Child Sexual Abuse.* London, UK: Routledge.

Rispens, J. A., & Goudena, P. P. (1997). Prevention of Child Sexual Abuse Victimizayion: A Meta-analysis of School Programs. *Child Abuse & Neglect, 21*(10), 975-987.

Roseler, T. A., & Wind, T. W. (1994). Telling the Secret: Adult Women Describe Their Disclosure of Incest. *Journal of Interpersonal Violence, 9*, 327-338.

Salter, A. C. (1995). *A Guide to Understanding and Treating Adult Surviv-*

ors of Child Sexual Abuse: Transforming Trauma. Thousand Oaks, Calif.: Sage.

Social Welfare Department (1998). Guide to The Identification of Child Abuse. Hong Kong: Social Welfare Department.

Stern, M. J., & Meyer, L. C. (1980). Family and Couple Interactional Patterns in Cases of Father/Daughter Incest. In B. M. Jones, L. L. Jenstrom, & K. McFarlane (Eds.), Sexual Abuse of Children: Selected Readings. Washington, DC: US Government Printing.

Tang, C. S. K., & Lee, Y. K. S. (1999). Knowledge on Sexual Abuse and Self-protection Skills: A Study on Female Chinese Adolescents with Mild Mental Retardation. Child Abuse & Neglect, 23(3), 269-279.

Trepper, T., & Barrett, M. J. (1986). Treating Incest: A Multiple Perspective. New York, NY: Haworth Press.

Tsun, O. K. A. (1999). Sibling Incest - A Hong Kong Experience. Child Abuse & Neglect, 23(1), 71-79.

Tutty, L. M. (1995). The Revised Children's Knowledge of Abuse Questionnaire: Development of a Measure of Children's Understanding of Sexual abuse Prevention Concepts. Social Work Research, 19(2), 112-120.

李文玉清（2000），〈教學策略範例：身體保護及預防性侵犯〉，董張伊麗主編，《幼兒性教育教學手冊》，頁 65-76，香港：香港教育學院。

防止虐待兒童會（2001），《預防兒童性侵犯訓練手冊》，香港：防止虐待兒童會。

社會福利署（2001），《處理虐待兒童個案程序指引》，香港：社會
　　福利署。

秦安琪、防止虐待兒童會及香港明愛（2001），《專業人士培訓計
　　畫：兒童性侵犯辨識及預防訓練效用研究報告書》，香港：香港
　　浸會大學。

浩洋青年商會及防止虐待兒童會（1995），《關注兒童被性侵犯問題
　　工作計畫問卷調查報告》，香港：浩洋青年商會。

婦女關注性侵犯聯委會及防止虐待兒童會（1992），《婦女被性騷擾
　　經驗問卷調查報告書》，香港：婦女關注性侵犯聯委會、防止虐
　　待兒童會。

陳若璋（2000），《兒少性侵害全方位防治與輔導手冊》，台北市：
　　張老師文化事業股份有限公司。

趙維生及吳惠貞（2002），《香港中學生的性暴力問題研究報告》，
　　香港：關注性暴力協會。

第八章

婚外情家庭
子女適應問題
的輔導

趙雨龍

郭志英

引言

　　婚姻以外的情感可以簡稱為婚外情，華人社會對這個名詞已經不再陌生，但較少人討論的是這些婚外情家庭的子女，彷彿婚外情只是成年人之間的事，與家庭中的孩子並沒有直接的關係。可以說，華人社會婚外情的研究已經不多，對婚外情家庭的子女的研究就更少了。成年人社會的一般看法是，這些孩子需要受到保護，無需知道得太多，以避免不必要的傷害。但如果我們對他們的處境毫無認識，試問又如何能夠及懂得幫助他們呢？

　　我們可以從兩個角度去理解他們。首先，可以視婚外情為一種婚姻問題和衝突，以了解孩子的處境、他們的反應和適應。Amato 及 Keith（1991）檢視了八個有關家庭衝突和孩子的研究，他們發現那些屬於高衝突類別家庭（如離婚家庭）的孩子，其心理適應和自我觀念項目得分，都比其他孩子顯著地低。Garber（1992）的一項追蹤式研究也指出父母間的衝突，長期在損害孩子的自尊。有研究指出少年人的抑鬱與人生遭遇有密切的關係，特別是與父母衝突有關的（Meyer et al., 1993）。韓國一項研究也指出父母的衝突與虐兒關係密切（Ko et al., 1992）。在某些只有五歲的年幼子女（Harrist and Ainslie, 1998）的被研究者身上，發現夫婦間的衝突直接反映了父母子女間關係的素質；夫婦間衝突愈大，父母子女間的關係愈差，孩子所呈現的侵略性愈強。以家庭暴力為主題的研究指出（McNeal & Amato, 1998），家庭中所涉及的暴力程度愈大，父母子女間的關係愈差，孩子的心理健康也愈差，孩子與其他人的關係也多會涉及暴力。相反地，研究指出

夫婦間關係愈和諧，愈看重孩子的父母，對孩子的要求會有所降低，父母與子女間的關係也愈佳（Shek, 1999）。簡單來說，我們可以將父母的婚外情視為家庭的不利因素，然後觀察這些不利因素如何對子女構成直接或間接、長期或短期的影響。

另外的一個看法是從婚外情的獨特性去理解子女，換言之，婚外情本身具有一些很特別的情境，是其他家庭問題所沒有的。

無知的知情者

據一份婚外情研究的報告書指出（Chiu & Kwok, 2002），婚外情一般發生在婚後十年左右，而大部分涉及的家庭都擁有未成年和在學子女，這些父母的心態是不希望讓孩子知道事情。一方面涉外者（即有外遇者）擔心配偶與子女結盟，對自己造成壓力；另一方面，配偶亦可能認為痛苦該由自己承受，無論如何也不想為孩子帶來負面影響，又擔心一旦孩子知道後，可能對他的心理有所打擊；再者，在事發初期，他們更不希望影響孩子心目中的父／母親形象，免得日後配偶及時回轉，要修補彼此間的關係更困難。無怪乎很多受助者都不能說出事件對孩子的影響，因為他們都很努力去隱藏婚外情這件事，避免讓孩子知道。可憐的是父母這樣做便以為孩子不知道，然而有不少子女當洞悉到父母有所隱瞞時，為了不想父母擔心，便在半知半解的情況下嘗試裝作無知，將種種感受加以壓抑，一如外遇者的配偶一樣，要自己獨自承受。

戰場上的夥伴

　　家庭是一個彼此相連的有機體，某些部分發生了事故是無可避免地會影響到其他的部分。最明顯的是，當父親的婚姻受到婚外情衝擊，又明顯地出現權力的強弱懸殊情況，孩子較容易表態，與受欺者站在同一陣線上。有時候這是由於子女在情感上一般與一方（通常是母親）的關係較密切，不願她／他在婚外情事上被欺侮；有時候卻是由於受傷的一方感到極度無助，需要子女的肯定和支援。其實父母雙方在衝突的過程中，是很需要別人的肯定，很可能會找機會尋求家中其餘成員做其盟友。特別是許多時候在婚外情事件曝光後，年幼子女都會被父母問及願意選擇跟哪一方同住，然而，對年幼子女來說，要在雙親中間作出選擇是極不容易的事。雖然在子女心目中，大多認為有婚外情的一方是明顯不對，但要在父母間選擇某一方，也同時意味著會失去另一方。這種困難的選擇往往不是年幼子女所能處理的。對一些缺乏安全感和極需要別人肯定的父母來說，他們很可能會多次要求子女表態，對於那些猶豫和不願意作抉擇的孩子，父母會視之為缺乏忠誠，甚至直接或間接地對孩子表示失望，這些難堪的時刻對孩子來說都是充滿矛盾而且難過的。

孩子變得情緒化

　　很多父母在嚴重的情緒打擊下，並不一定留意到子女的情緒反應。許多求助者備受困擾時，思想和感受都變得內向，對身邊其他人

和事物缺乏關注，除非子女在情緒和行為上出現較明顯的轉變，否則當事人往往會忽略了子女的反應。子女一般出現的情緒包括有情緒低落、羞愧、焦慮、恐懼、憤怒等。他們最常有的反應是無能感，自覺完全無能力去改變現況，不單只沒有能力去改變外遇者，而對被欺侮的一方（父／母）的低落情緒，也常感到完全無能為力。頓時間，人生變得不再是可以預測和掌握。有些孩子很容易受非外遇者的情緒感染而造成情緒低落，對事物或學習缺乏動機，又或對人際關係和前景失去信心；有些孩子則會獨自哭泣，出現失眠、胃口不振和學業成績變差等情況。

　　孩子的反應會因人而異，要視乎他們的性格、與父和母的個別關係及年紀的大小。若孩子與外遇者的關係愈好，所面對的矛盾則愈大，而取捨也更困難；同樣地，與非外遇者的關係愈好，受其情緒的感染則愈大；另一方面，同性子女會因同性的父／母出現婚外情問題更感羞愧。年紀愈輕者，則愈難於透過言語來表達其情緒。有些孩子會對外遇者感到強烈的不滿甚至仇恨，行為上會出現壓抑、委屈、疏離、反叛和與年齡不符的退化行為（regression），例如會有咬指甲、語氣常扮作幼童的情況出現；有些孩子則可能會顯得煩躁不安，容易與人吵架和帶有攻擊性；也有些孩子會出現一些以往沒有的行為問題，如吸菸、講粗話、打架和入店行竊等。如果這些問題的出現都跟父母的婚外情問題曝光的時間有所相關，我們有理由相信這些情緒和行為都與父母的婚外情問題有關。

無端的罪疚

對於一些年紀較輕，邏輯思維尚未完整發展的孩子來說，要明白婚外情的前因後果真的一點也不容易，有些父母可能會哄他們說只要他們「乖」一點，走了的爸爸或媽媽便會回來，但爸爸或媽媽始終沒有回來，按孩子當時有限的邏輯所能理解，原因只可能一個：就是因為我「不乖」，所以爸／媽不回來。孩子可能會責怪自己不好，令爸／媽不回來。有些孩子更有意無意地扮演中間調停人的角色，企圖挽救父母的婚姻，有些孩子甚至刻意製造麻煩，令已離家的父母為要管教他們，而多了機會回家。但他們並不明白，其行為問題可能令父母間產生更大的爭端，對於未能成功令父母重修舊好的孩子來說，會造成更大的失望和自責。

有時即使是子女年紀稍大，已經就讀中小學，卻因為非外遇者的一方父母，因心靈受創，在管教子女時特別感覺乏力，對子女的容忍會比往日少，容易責難子女，甚至會因而多次提及配偶離開的事實來要求子女守規律，這無疑是將子女的行為與配偶的離去相提並論，令子女感到極大的壓力。

道德價值觀的混亂

父母是子女建立正確道德價值觀的初模，父母本身的行事為人，對事物的判斷、反應和處理問題所持的態度及行為，都成為子女日後在人際關係、兩性親密關係、家庭觀念、性觀念及處事方法的參考及

指示基礎。就婚外情而言，父親若有婚外情行為，可能會影響兒子建立正確的性觀念及態度；而對女兒來說，父親應是第一位她認為是可信的男性典範，因此父親的婚外情問題，可能會影響日後女兒對異性的信任及對親密關係的觀念及態度。

輔導及治療目標

綜合以上就婚外情問題對子女在身心方面所造成的衝擊、傷害，和對成長所造成的影響，我們應協助子女儘早適應各種變遷，以減低其傷害。在此過程中，家長首先要理性面對婚外情問題對自己及子女所造成的困擾，然後學習適當的處理方法和技巧；在有必要時，家長應儘早向專業人士求助，例如：社會工作者、臨床心理學家、學校輔導老師等，讓自己及子女得到適當的協助和輔導服務。以下六方面是當面對父母婚外情問題，在輔導子女時所需要注意的重點：

1. 協助子女渲洩和減少負面情緒，包括羞愧、憤怒、焦慮和恐懼；
2. 協助子女重建在父母婚姻破裂、雙親未能有效執行父母職責下受影響的對他人的信心；
3. 無論婚姻衝突、夫婦能否復合或面臨離異，也要避免將子女捲入父母或三角關係的爭端與夾縫中；
4. 協助子女學習面對及承擔負面行為所引來的後果及責任；
5. 協助子女重建自尊、自信及與父母關係的復合；
6. 協助子女儘快適應改變了的生活環境和習慣。

輔導及處理方法

案例 左右做人難

欣欣今年十一歲，一向得到父母的疼惜，但自從父親有了外遇之後，母親就常常跟父親在欣欣面前爭吵。有時父親回家吃飯，母親也擺臉色給父親看，他們又會因小事吵起來，結果是母親衝入房內而父親憤然離家，最後只剩下欣欣孤伶伶一個人對著飯桌上的飯菜，好不可憐。

另一方面，母親也有意無意地喜歡利用欣欣作中間人，透過女兒要父親回家吃飯，從而得知丈夫在外的行蹤，父親也誤解欣欣是有偏幫母親之嫌，因而也開始不理睬欣欣，令欣欣對父親更感怨恨，但她同時也自責未能成功挽救雙親的婚姻。欣欣的失敗與無助感，令她的成績一落千丈。

分析

欣欣的例子正好讓我們看到父母利用子女作夾心人、探子，其實會誘使子女沉溺於父母重修舊好的幻想中，而事實卻令他們更失望、無助，繼而對父母更生怨恨。還有，最令欣欣傷心的是父親因此而誤解她，令她失去父親的愛。

輔導重點

輔導重點在於運用不同技巧，協助和支持欣欣渲洩她的失落、無

助和內疚感。在互動的過程中，也要令母親學習耐心聆聽孩子複雜矛盾的情緒，嘗試從孩子的角度，理解其心聲，明白成績變壞背後所隱藏的羞愧、孤單和怨憤，從而提醒母親不應把孩子捲進父母婚姻衝突的漩渦，因為這樣會令孩子難以在情緒及與父母之間的關係取得平衡。另一方面，從女兒的福利出發，筆者也邀請父親接受輔導，安排女兒透過圖畫來表達對父親矛盾之情和對父愛的渴求，透過輔導，可令父親反省和明白雖然與妻子不和，且已另有外遇，但也須給予女兒關懷、體諒。只有透過不再令孩子擔當調停、探子、傳聲筒的角色，才可能減低其負面情緒及行為問題，重整孩子與父母的正常關係。

案例　哪有不知的祕密

　　亞敏，就讀小六，一天突然離家出走，直到夜間被外展社工找回帶到明愛向晴軒（香港其中一個非政府機構的社會服務單位），讓亞敏的情緒平復下來後，再了解事件原因。與此同時，父母急於將女兒帶離向晴軒，但女兒抗拒，嚷著不要回家。筆者首先令父母明白必須要處理危機背後的原因，才能徹底處理出走的問題。在輔導過程中，母親一直在游說女兒要欣賞父母對她的關心，而父親則一直緘默，不發一言，父母之間並無交流。最終發現原因在於亞敏抗議母親總是絮絮不休，將她視作傾訴不滿的對象，但父母卻又不明言究竟家裡發生什麼事。最後，亞敏在同學的慫恿下，便計畫一齊離家出走。

分析

　　亞敏的例子正好說明雖然父母都希望保護子女免受傷害，但無奈孩子作為家中一份子，是可感受到家中不尋常的氣氛和父母之間的敵

意和疏離。故此，孩子也有權知道家裡發生什麼事。

輔導重點

　　子女離家出走對父母或有關家庭來說是一個危機，因此，可採用危機輔導作為介入方法，首先是讓雙方混亂激動的情緒平復下來，並與父母及子女雙方建立互信關係。再訂下短期目標，例如理解引發危機出現的背後原因，然後制訂方案處理。以亞敏的個案來說，透過借用家庭治療，讓父母明白婚外情問題如何改變了昔日父母子女原有的差序架構關係（hierarchy）。母親不知覺地將女兒代替了父親的角色；而亞敏也在輔導員支持下，坦誠地分享自己的焦慮和憤怒，並表達希望母親不再視她為傾訴心聲或渲洩無助感的對象。另一方面，父母意識到後果嚴重，因而也保證會給孩子留空間作自己該做的事，若有什麼事情轉變，也會找合適時間，跟孩子討論，並願意聽取其意見。在完成該輔導環節之前，母親承諾會減少以亞敏作傾訴心事的對象，並願意找其他朋友作傾訴。長期的個案目標還包括處理婚外情問題、調解婚姻衝突和協助孩子適應家庭關係的轉變。

案例 仇怨化不開

　　亞聰，十三歲，家中長子，一向視父親為偶像，他的長相和性格與父親很相似，可是父親有了外遇便彷彿變了另外一個人，並且經常夜歸。亞聰和母親都接受不了這事實，母親滿腔怨憤，有時會不慎將仇恨投射到亞聰身上，認為他不理解母親所受的傷害，又不懂事、努力讀書，還說他與父親一樣，深藏不露，這令亞聰更感羞愧。有時候，為了要表示與母親同一陣線，也會不惜跟父親鬥嘴，但他不願分

享內心真正的感受，包括焦慮與恐懼，也怕母親接受不了他內心仍十分渴望得到父親的支持和愛。亞聰將內心的悲憤轉化為反叛行為，開始欠交功課、吸菸、犯校規等，令父母感到煩惱。母親曾離家一段時間，讓父親多回家，但畢竟父親此舉並不代表他會跟母親重修舊好，父親只是希望彌補一下對孩子的內疚。對於母親的暫離，又為亞聰帶來另一種失落。

分析

亞聰的例子正好說明受欺的一方父母很容易會默許孩子仇視另一方，並認為孩子這樣做是理所當然的。另外，以子女作為發洩或投射的對象，會損害孩子的自尊及與父母的關係，繼而令子女利用出軌行為向父母示敵意，又或者甘願作犧牲，盼望藉這些行為令父母暫時不被婚姻關係困擾。

輔導重點

介入方法首先包括分別向父母作個別及共同進行輔導，讓父母理解造成亞聰行為問題出現的原因包括：父母間的衝突、孩子要顯示對父母忠誠的取捨、失去以父親作為依戀和模仿的對象、在生活安排及照顧方面出現混亂、對人的不信任及自尊感下降等等。

第二步驟是鼓勵亞聰寫日記，具體記載日常生活和感受，讓筆者更能掌握其心理變化，從而協助他渲洩並探討其內心渴求，後來更鼓勵亞聰用信件形式寫兩封信給父母，以協助打開對話。繼而透過家庭治療，父母向亞聰表明無論夫婦間的關係如何發展下去，他仍然備受關注。輔導員也鼓勵父母一同訂立管教孩子問題的準則，讓孩子明瞭

他必須學習為自己的行為問題承擔責任。最後，父母也就日常生活的安排，達成短期協議，由母親負責日間的照顧，父親則負責晚間的照顧。父親在假期也會安排時間跟亞聰到球場踢球。

總結

綜合以上三個案例，筆者歸納以下幾點讓父母或專業人士作參考：

1. 在處理婚外情問題和婚姻衝突時，要顧及子女的感受和需要，儘量避免在子女面前衝突。子女若長期目睹父母衝突，其身心所受到的嚴重傷害，比面對父母離異但仍能保持良好關係還更難復原。

2. 切勿把子女捲入婚外情問題的漩渦，利用子女作為調停、夾心人、傳聲筒或報復的工具，更勿以與子女同歸於盡來威脅配偶。

3. 父母儘量以持平的態度，運用兒童可以理解的字句，坦誠地告訴子女有關父母正面對的婚姻困擾，以及預告將會有什麼可能的轉變；另一方面，也應讓子女說出他們的疑處，以便有效地處理他們的情緒和肯定他們在父母眼中的重要性。

4. 在面臨離異的時候，父母要明白子女是否能夠適應父母離婚後的生活，關鍵在於能否和父母繼續發展良好的親子關係和父母間是否保持友好關係；如果夫婦決定復合，也可令子女明白人與人之間的衝突，也可消失和重新開始。

5. 父母如能積極處理自己的負面情緒和正確面對婚姻的危機，是

可以給子女留下良好的處理危機榜樣。

6. 遇有婚外情的父母，雖然心緒不寧，但也不要忽略孩子仍需要較安穩的日常生活安排、分工和社交活動。當這些需要得不到滿足時，孩子會產生不安和反叛的情緒。所以，父母若未能提供照顧，也須要尋找孩子所信任的親友暫作照顧，並對孩子作出合適的解釋。

7. 父母仍須掌管管教之職，不要自覺虧欠子女而不敢管教，甚或採取縱容的態度。父母可採用行為處理法、邏輯管教法（著重自然和邏輯合理後果的管教方法）（natural and logical conse-quence）等，引導孩子培養責任感和自律性。更重要的是，父母要重複給予子女機會，讓他們能夠表達複雜矛盾的情緒和需要，要用理解的角度去聆聽（empathetic listening），給予愛心和關懷，去撫平婚外情對子女所造成的傷害。

參考書目

Amato, P. R., & Keith, B. (1991). Parental Divorce and the Well-Being of Children: A Meta-Analysis. *Psychological Bulletin, 110*(1): 26-46.

Chiu, M. Y. L., & Kwok, P. C. Y. (2002). *Profiling the Users of the Extramarital Affairs Hotline Service.* Hong Kong: Hong Kong Caritas Family Service.

Garber, R. J. (1992). Long-Term Effects of Divorce on the Self-Esteem of Young Adults. *Journal of Divorce and Remarriage, 17*(1/2): 131-137.

Ko, J. J., & Kim, G. S. (1992). The Influence of Marital Conflict on Child Abuse. *Korean Journal of Child Studies, 13*(1): 80-98.

McNeal, C., & Amato, P. R. (1998). Parents Marital Violence: Long-Term Consequences for Children. *Journal of Family Issues, 19*(2): 123-139.

Meyer, P. A., Garrison, C. Z., Jackson, K. L., Addy, C. L. et al. (1993). Undesirable Life-Events and Depression in Young Adolescents. *Journal of Child and Family Studies, 2*(1): 47-60.

Shek, D. T. L. (1999). Individual and Dyadic Predictors of Family Functioning in a Chinese Context. *American Journal of Family Therapy, 27*(1):49-61.

第九章／焦慮的孩子

鄧振鵬

引言

　　緊張、焦慮，差不多已成為繁華都市生活的標記。成年人在相互慨歎生活壓力的同時，可有想到這些負面情緒原來也可以影響我們年輕的一輩。

　　覺得緊張、焦慮，並非一定是壞事。有時，少許緊張可令我們的警覺性提高，精神更加集中，辦事效率更佳；恰當的憂慮促使人們去未雨綢繆，居安思危；適度的驚恐令我們有計畫地遠離帶有潛在危險的事物；緊張，甚至是一些人所追求的一種快樂、刺激感覺。正因為這樣，考試的時候人會變得緊張；我們的父母總是教我們要養成儲蓄的習慣；「九一一」事件後有人急忙去臨時取消已經付了錢的機票；「過山車」（雲霄飛車）和「笨豬跳」（高空彈跳）這些玩意仍然深受一些人的喜愛。

　　雖然某程度的緊張和焦慮有時似乎給人帶來好處，但無可否認有一部分人確實又被這些情緒困擾折磨得痛苦不堪。究竟怎麼樣的緊張才算是病態，怎樣程度的焦慮才需要尋求專業協助呢？

　　一般而言，如果出現以下幾種情況，緊張和焦慮便已發展成為一種病態：

　　㈠與發展階段不相配；

　　㈡徵狀持續不斷；

　　㈢徵狀程度嚴重；

　　㈣對個人的日常生活，包括學業、工作、人際關係等構成嚴重的負面影響。

就以怕黑來作例子。1.一個三歲的小孩告訴父母他怕黑，相信大多數人都不以為然；但一個十六歲的青年半夜仍不敢獨自摸黑去廁所……；2.剛升中一的明仔在看過一部恐怖電影後的數天內，每次晚上去廁所都覺得心寒，幾日之後這種恐懼便漸漸減弱，以至完全消失。三個月後，當日與明仔一起去看這部片的強仔，竟然仍未能擺脫這心寒的感覺；3.母親請六歲的女兒蓮妹幫忙，到家中的儲物室拿掃把，蓮妹雖然怕黑，仍然鼓起勇氣硬著頭皮去將掃把取來。可是八歲的姐姐珮珮更加怕黑，媽媽仍未開口，便因為憂慮自己可能會被叫去漆黑的儲物室拿掃把，緊張到心跳加速，全身抖震；4.讀中五的傑仔自小怕黑，每晚都要亮著床頭燈才能安心入睡，由於他有自己的睡房，所以這個習慣從來不會影響家中其他成員，而他人也不以為然。中學會考過後，當全班同學正在興致勃勃地討論籌辦畢業大露營的時候，傑仔雖然十分渴望參加，但一想到要與其他同學共睡一室，和自己的特殊睡眠習慣時，在傑仔的心中，已作下了一個極不願意的決定——退出這次別具意義的活動。

焦慮症有甚麼徵狀？

焦慮症其實是眾多不同但又有關聯的疾患的統稱，它有不同的類別，而每一種類別在表徵上都有其特點。一般來說，患上焦慮症的兒童或青少年，他們所呈現的徵狀可歸納為以下三大類：

(一)情緒困擾

患有焦慮症的人常感到緊張，難以放鬆。他們往往有很多過分或

不必要的擔心。例如，即使是已準備得十分充足而且平時表現良好的學科，在測驗之前也顯得十分擔心；又例如當在做功課或在進行一些遊戲活動時犯下了微小而又不為人知的錯誤，也會變得異常擔心。他們又經常容易因小事而發脾氣，容易暴躁，時常杞人憂天，過分焦慮。他們又可能不斷擔心自己的身體患病，儘管所有醫生的檢查報告都屬正常。

(二)思維和想法

每個人都有自己一套道德標準和價值觀，某一種想法究竟是對還是錯，往往很難下一個客觀的定論。但是，患有焦慮症的人，很多時都有一些非理性而又不健康的思想模式，以下是一個例子。

剛升中一的阿標第一天踏入新學校，便不斷留意著周遭的同學，心中在想：「他們或許……不，他們一定已經察覺到我渾身不自在的模樣，既是如此，他們一定看不起我，不願與我做朋友。啊！一定是了，我剛才向他輕輕點頭，他卻連一眼也不向我瞄過來，這不就已證明我不受他們歡迎嗎？」

過分焦慮的人，很多時候都會像阿標一樣，先有結論——「他們不喜歡我」，之後再找尋支持此結論的例證——「他們瞄也不瞄我一眼」。明眼人很容易看得出，這些所謂結論其實只是焦慮者先入為主的主觀想法，所謂例證也只不過是片面的觀察，又或者是一些曲解了的現象。「瞄也不瞄」就算是事實，也會有多過一種可能的解釋。譬如，那人根本看不到阿標在向自己點頭；又或者那人跟阿標一樣的害羞，所以不敢回應，甚或那人誤以為阿標只是向他身後某人（而不是自己）打招呼。像阿標這些不合理的想法，通常只會將自己推向牛角

尖，令緊張和焦慮的感覺變得愈來愈嚴重。

㈢生理變化

　　人感覺緊張或焦慮時，身體多處地方都會產生變化。心跳變得加劇，呼吸漸見短促，瞳孔會放大，手心開始冒汗，全身肌肉進入緊張，甚至緊繃的狀態，四肢和身軀或會不受控制地顫抖。也可能會感到頭痛、頸痛、背痛、肚痛、小便頻密、瀉肚、頭暈、手腳麻痺、失眠、難集中精神等等。這些都是在焦慮症患者身上時常出現的徵狀。

　　以下將為大家逐一介紹兒童及青少年可能會患上的一些比較常見或特別的焦慮症種類。

🦋 特殊恐懼症

　　回望過去，在童年的時候，有甚麼事物曾令自己感到十分害怕呢？黑？惡犬？蟑螂？又或是父母的藤條？像這種對於某些事物感到害怕的經驗其實十分常見，它或許曾令我們感到一時的困擾，但對於我們整體的生活、學習，或者工作，卻不會構成持久嚴重的影響。

　　但是有小部分人，他們同樣對某些事物或處境感到害怕，不過程度卻厲害得多，而且對其生活帶來重要的負面影響，醫學界稱之為「特殊恐懼症」。

　　對患有特殊恐懼症的人來說，他們所害怕的東西，可說是包羅萬象。較普遍的包括：狗、雀鳥、蛇、昆蟲、高、打雷、閃電、黑、水、打針、血、處身於升降機中、在橋上或在隧道裡等等。每當想到將要接近這些事物或處身於這些場合，他們會立刻變得很害怕。如果

他們必須要這樣做，在整個過程裡，他們會感到極大的害怕和困擾。他們甚至會嘗試用種種方法逃避，以確保自己不會有機會接近這些事物。

曾經有一個小學生，他十分怕蛇。不管是離遠觀望一條被鎖在鐵籠中的蛇，又或是閱讀有關蛇的照片，他都感到十分害怕。所以他很不願去溫習自然科的教科書，因為他害怕會無意中翻到印有蛇的相片的那一頁。終於他想出了解決的辦法，那就是將刊登有蛇的相片的前後兩頁，用釘書機釘在一起，這樣他便可以確保見不到那些令他恐懼的東西，可以安心地翻讀這本教科書了。

又有另一個小學生，據父母說他自幼便害怕打雷閃電，就算只是暴風雨的日子，他都會變得焦慮不安，無法集中精神溫習功課，甚至徹夜難眠，原因是他害怕「可能」會出現打雷和閃電。

患有特殊恐懼症的人，這種由害怕的事物所產生的恐懼，會維持很久（一般超過六個月），而且會帶來莫大的心理困擾，影響正常的生活、學習和人際關係。年紀較小的患者，有時不像青少年般，可以有足夠的語言表達能力，將心中的困擾和感受說出來。成年人在他們身上觀察到的，可能只是哭鬧、發脾氣、過分倚偎大人，又或像是嚇呆了的模樣。

分離焦慮疾患

有些小孩當不可以與平日一向照顧他們的成年人在一起的時候，會感到有些不快樂或不願意，這種反應十分普遍，絕大多數並不反映病態。

　　分離焦慮疾患的孩子，他們不只不願意離開他們所依附（或稱依戀）的成年人（以下統稱母親，因為在多數情況下這依戀人物都是孩子的母親），更會有一些脫離現實、不合常理的，跟他們會與母親分離有關的憂慮想法，譬如認為母親可能會遇上意外（像打劫、交通意外），擔心母親會患病死去，擔心自己迷路或遭人綁架而導致永遠要與母親分離等等。這種種憂慮有時又會重複出現在孩子的惡夢中。

　　明白這些病態想法後，不難了解他們為何總是不肯獨個兒去睡，母親外出時總堅持要跟著一起去，從來不肯參加學校露營或在沒有母親陪伴下到親友家中留宿，或者每日早上準備上學的時候總是喊著這兒或那兒不舒服。

　　倘若他們真要與母親暫時分開（如要上學去），他們會感到極大的不安、憂慮和困擾。他們會無法集中精神上課，又會趁休息時借電話致電母親（藉詞或直接）去詢問她可安好。

選擇性緘密

　　小花一向在父母心目中是個文靜、害羞的孩子。在老師心目中，小花是一名循規蹈矩、品學兼優的學生，不過很容易緊張。在班中，就算小花懂得正確的答案，也從不主動舉手示意想回答老師發問的題目，即使老師點名請她道出答案，小花也只是緊咬雙唇，顯得一臉無奈又帶點不知所措。說得正確一點，在學校裡根本沒有人曾聽過小花說一句話！在朋輩中，小花永遠是最被動的一個，她從不道出自己的主見，只是默不作聲的追隨大眾的意願。

　　起初，小花的父母根本難以相信孩子不肯在班上回答老師的發問

和回應同學的友善問好，因為平日在家裡，小花的談吐就與一般的十歲小女孩無異。有時父母還嫌她插嘴和與小弟吵架。在父母眼中，小花除了在陌生人面前顯得略為害羞和膽小外，並無甚麼不妥。

小花的情形，就如患有選擇性緘默的其他孩子一樣，只在某些特定的地方或場合不和別人講話，他們絕大部分在性格上都是害羞、被動、膽小、怕失敗或被取笑。他們容易緊張，自信心弱，當遇上困難時常採取退縮的態度。他們在語言發展上大都沒有障礙，只有一些在咬字或發音上有少許困難，又或者他們覺得自己的聲音不悅耳。他們「選擇」不說話的地方，往往是一些令他們覺得緊張和焦慮的場所，也有一部分害怕別人取笑自己的咬字或聲音。

要幫助他們，成年人宜多採用鼓勵、讚賞和引導的方法，不妨多配合身體語言的運用，讓他們在愉快、被接納的氣氛中，漸漸培養出對自己個人的信心，及體會到藉著說話所帶來的無窮樂趣。切忌用威嚇、責罵、利誘的形式或向孩子投以討厭、放棄的眼光。情況較嚴重或持久的，家長應和醫生或心理學家商討，尋求進一步治療的方法。

步入青春期後的青少年，雖然同樣有可能患上那些本來較常見於兒童時期的焦慮症種類，例如以上所提及的特殊恐懼症，和分離焦慮疾患。相比起兒童階段，日漸成長的青少年卻有較大機會患上那些本來較常發生在成年人身上的焦慮症種類，例如恐慌性疾患、廣場恐懼症和社交恐懼症。

🌸 恐慌性疾患

恐慌性疾患的患者，經常一次又一次地在全無先兆之下突如其來

的感到一連串緊張、驚恐和焦慮的徵狀。這些徵狀來得急，也退得快（可能在短短數分鐘之內），有如晴天霹靂。此等徵狀可包括：慌張、害怕、心跳劇快、胸口感到壓迫、呼吸困難、似快窒息、暈眩、口乾、冒汗、顫抖、四肢麻木或像被千針所刺，猛然感到將快失去自控，或想到自己快要死去，甚至會出現一些怪異的感覺，如覺得自己不是真實的，周遭的事物也似是虛幻的。最可怕的是，患者無從預測何時將出現下一次「突襲」，所以即使是「受襲」過後，患者的憂慮（何日君再來）通常仍然會持續下去。

廣場恐懼症

廣場恐懼症的患者，害怕（以至逃避）獨個兒去一些他認為不能隨時輕易離開的地方，除非有可信賴的人一同前往。這些地方通常指交通工具，如巴士、火車、地鐵車箱，或商場、超級市場等。假如被迫要獨自前去或要一個人身處這種地方，他們會變得很緊張和焦慮，甚或有可能出現以上所描述的恐慌性突襲。於是，他們的日常生活，包括上學、社交、上班或家庭活動等都相繼受到影響。家人之間的摩擦（因為患者常常要求家人陪同外出）也容易形成。

社交恐懼症

有別於一般害羞、內向，或不善社交應酬的人，社交恐懼症的患者，當必須要與不太熟識的人一起，或要在有其他人在旁的情況下辦一件事（譬如簽自己的名，講出個人的看法）時，會立刻變得緊張和

害怕，覺得渾身不自在，希望可以、甚至嘗試即時離開現場。在有選擇的情況下，他們大都儘量避開這些場合。原因在於他們在沒有客觀證據之下過分地憂慮別人會注意到他們做得不好的地方，認為自己準會做出一些令自己出醜或尷尬的事。

強迫思想行為症

有時有些青年人在腦海中會不自控地反反覆覆想著一些話、主意或境像。不論多努力，他們總是擺脫不了這些在心目中原本是無稽、沒有道理，又或根本是不必要的事情。同樣，他們常覺得有一種催迫感，要去重複做一些平常人做一兩次已覺足夠的事，如不去重複做，便覺得不妥當、不自然，或者會憂心這將帶來惡運。在醫學上，前者稱為強迫性思想，後者稱為強迫性行為。

強迫性疾患的人，大多數都同時有強迫性思想和行為。只有兩項之中其中一項的乃屬於少數。

其中一種最常見的強迫性思想便是一般人所指的潔癖。患者時常一次又一次重複擔心自己剛剛接觸過的物件是骯髒的，這種擔心令他們感到十分困擾和不安，於是他們想出各種「妙計」，去減少或避免出現這種不安。譬如，他們會用一塊乾淨的紙巾隔著手指來按電梯的按鈕；用腳踢開一扇門以致不需要用手直接觸及門柄；以手肘或手背技巧地去開啟水龍頭。有時他們索性拒絕出席一些正常的聚會或場合，來避免類似以上的尷尬情況。

強迫性思想很多時候都會導致強迫性行為的出現。如上述潔癖的例子，患者常常以「洗手」作為解決方法。於是，他們一碰觸到認為

是骯髒的物件，便立即去洗手。有些人則可以強忍著想洗手的衝動，直至他到達一處合適或較方便的地方，如自己家中，才去洗手。有些人為了要達到徹底潔淨的效果，甚至用不適當的方法，如花上整整一個鐘頭去洗澡，用酒精去消毒雙手等等。他們有時甚至認為要清洗那些覺得需要保持乾淨的私人物件，如書本，甚至是醫生處方給他的藥丸。

更糟的是，他們有時強迫別人（通常指家人）也遵照他們的方法和尺度去「保持清潔」，或者要家人協助開門、開水龍頭等，使自己免受「污染」，令家人感到不勝煩擾。有時當家人善意或不經意地碰觸到他們的身體或屬於他們的物件時，他們會立即大發雷霆，責怪或埋怨家人，指家人「弄髒」他或他的物品。「是否需要浪費這麼多水來洗手？!」或「長時間霸佔著浴室來洗澡」的爭論屢見不鮮。一幕又一幕的家庭衝突由此展開。

不要以為他們有潔癖，就一定十分清潔衛生。反之，他們往往給別人的印象是——剛好相反。為甚麼會這樣呢？

原因在於他們並不是真正的喜愛潔淨，而是在他們心目中，出現了對「潔淨」和「骯髒」的病態曲解和理念。首先，他們自己有時雖然清清楚楚知道「覺得」骯髒的東西其實並不算怎麼骯髒（當然並非所有患者都能夠有此洞悉，尤其是年紀較小的），但是這種「覺得骯髒」的感覺卻又來得這麼強烈，有著一種欲拒無從的魔力。若在心裡企圖去抗拒此病態想法的話，結果通常只有一個，就是感到加倍的不安、焦慮和坐立不安。所以只有乖乖地順著「它是骯髒」的想法去做（譬如過後去洗手），才能舒減這些負面的情緒。所以，向患者長篇大論講道理、解釋、勸告、責罵，甚至利誘或威迫，最終也只是徒

然。更糟的是，這樣做很多時候會帶出一種惡性循環的家庭衝突——病者覺得家人不諒解；家人則認為病人根本沒有病，而是無理取鬧。

其他強迫性行為的例子，包括經常不必要地重複檢查一件事情有沒有做妥（譬如一題其實很容易的數學題究竟有否算對；明明知道剛剛已關上了的門、窗、煤氣爐有否真的關妥），無需要地硬是要以一個特定的次數去進行一個動作等。

焦慮症的成因

焦慮症的成因十分複雜，至今醫學界相信導致一個人患上焦慮症是由多種因素相互影響而成，這些因素包括：

㈠遺傳；

㈡個性；

㈢幼年時期的情緒和心理發展；

㈣認知能力的發育；

㈤創傷事件；

㈥個人的社交情感支援網絡。

焦慮症的治療

焦慮症是輕度精神病的一種，如能及早察覺，配合適當的診治，復原的機會自然大大提高。若然對它過分輕視，以致延誤了診斷，讓病情日趨嚴重，又或者待後遺症（如惡性循環的家庭衝突，或自信心的每況愈下）一個接一個的慢慢形成時再作出補救，治療將會加倍困

難。

　　因為焦慮症只是一個統稱，個別疾患種類的治療方法各有其特式，精神科醫生和心理學家，會因應個別病患者的特質（如認知能力、心理素質、過往經歷、對所患疾病的個人理解和看法）、生活背景（如家庭功能、生活習慣），和過往對各種治療形式的反應（假如以前曾接受其他治療的話）去擬定一套治療計畫。治療計畫所包含的元素，一般來說可歸納為以下幾大類：

　　㈠行為治療。

　　㈡心理治療。

　　㈢親子關係干預。

　　㈣家庭治療。

　　㈤藥物治療。

　　端視治療的需要，這些元素有時會以獨立或混合的方式出現，也可以個別或小組的形式施行。

　　我們都關心年輕一輩的健康成長，除了希望他們身體強健，體魄充沛之外，當然也十分注重他們的心智和情緒發展。每一個人都曾經感到焦慮，它是眾多正常情緒之中的其中一種，並沒有甚麼稀奇。「焦慮症」則是一種病態，千萬不要輕視它，它是一種需要及早發覺及治療的疾患，因為它足以深深影響小孩子和年輕人的長遠心理發展。

參考書目

American Psychiatric Association (1994). *Diagnostic and Statistical Manual of Mental Disorders*, 4th Edition. Washington, DC, American Psychiatric Association.

Bernstein, G. A., Borchardt, C. M., & Perwien. A. R. (1996). Anxiety Disorders in Children and Adolescents: A Review of the Past 10 Years. *Journal of the American Academy of Child & Adolescent Psychiatry, 35*: 9,1110-1119

Bernstein, G. A., Shaw, K., & The Work Group on Quality Issues (1997). Practice Parameters for the Assessment and Treatment of Children and Adolescents with Anxiety Disorders. *Journal of the American Academy of Child & Adolescent Psychiatry, 36*: 10, Supplement 69S-84S.

Manassis, K., & Monga, S. (2001). Therapeutic Approach to Children and Adolescents With Anxiety Disorders and Associated Comorbid Conditions. *Journal of the American Academy of Child & Adolescent Psychiatry, 40*: 1,115-117.

Rutter, M., Taylor, E., & Hersov, L. (1994). *Child and Adolescent Psychiatry, Modern Approaches*. Oxford, Blackwell Scientific Publications.

World Health Organization (1992). *The ICD-10 Classification of Mental and Behavioural Disorders, Clinical Descriptions and Diagnostic Guide-lines*. World Health Organization, Geneva.

第十章 / **我的性別取向**

雪 年

引言

「爸，要替你燒水洗澡嗎？」

「好呀！待會兒讓我自己放水調溫。」

爸爸伸出粗壯、黑黝黝的手臂，手掌拿著兩毛錢，遞過給我買冰棒，那趕往買冰棒帶來的清涼開心感覺立刻湧現。在旁搓麻將的媽媽又差遣我到樓下買她喜愛抽的「良友」，跟她的牌友擦肩而過，踏了兩步便出了門，心想：為什麼媽媽不懂替子女省點力氣？比較之下爸爸就不會打擾我做功課，因為升高中考試就要來臨了。

回到學校，風紀哥哥掛上威風的臂章，走上操場，遏止同學亂跑。那正義之氣洋溢著整個操場。他炯炯有神的眼睛，低沉嘹亮的嗓子，凜然瀟灑的面孔，教人如痴如醉。校園蟬聲吱吱籠罩著整個操場，加上他站得穩如泰山，四周瞧瞧，倒有「蟬嗓林愈寧靜，鳥鳴山更幽」的景致。全靠他的盡忠職守，學校的淳樸校風才得以維持。

回到悶熱的窩居，倒有一點清涼。想起飯後，那位我傾慕的女同學又會來我家跟我一起溫習。她眼睛大大，眉毛粗粗彎彎，頭髮烏烏黑黑。教我做功課時循循善誘，我很喜歡她。同學取笑我們是一對，她雖然有點生氣，但一股甜蜜的興奮感覺已湧到我心裡，流到血管中，熱騰騰的，快漲破了。

冬天雖然乾旱少雨，但總有晴天霹靂的自然現象。二姊提著書包跑回家，心情沉重，她身上那件已經破了的毛衣，似要多破出幾個洞來。二姊抽咽地說：「我不唸書了，下學期又要繳會考報名費，爸…爸……又沒有……長工，他不能每天到建築地盤工作……算了！」媽

不在乎地道：「不唸也好，但妳自己想清楚。」我立即心想：為什麼不愛護二姊？她是一個唸書的好材料，弱小的二姊是需要支持的。

「女性少唸書也無所謂，嫁了人家還不是只走到廚房去！」媽接著說：「你瞧瞧，你大姊不是早早輟學約會去，跟隔鄰的臭小子胡混？不得了！我要到那壞女人家，叫妳大姊早點回家，豈有此理！」二姊不禁流出淚來，她哭了。

晚上十點，媽用門栓關上兩邊的門，大姊回不了家；媽任由大姊在外呼叫求情也置之不理。為什麼媽亂拿「大將之風」做其狠心之事，那正氣之心到了哪裡？半夜，已聽不到大姊的哀求聲，她走了，永遠走了，任由外面風吹雨打。

一晚，瘦削的我睡得正酣，卻感到下體搔搔癢癢，難道夢中給趕走了的蚊子又飛回來了？為啥針到下體去？睡在側旁的大哥正自氣喘的呻吟聲，他——竟然將我的下體把玩！我的心跳得厲害，想立刻起來求救，但我害怕——害怕媽會罵臭我，因為她最疼愛大哥和二哥，這羞恥的事，她是不會相信的！我強忍淚水，不讓它流到面頰上去。大哥用手指狎捏著我的睪丸，左搓右抓。我得不到任何保護，得不到任何信任，得不到任何尊重！快些完結吧！他為什麼要狎玩這麼久呢！？他停了，謝謝上天！我憎恨他，憎恨他！

掙扎了幾天，算是平靜了一會兒，「雨勢」又再大起來。在家人都休息後，我竟又再感到下體搔癢起來，那「感覺」又來了。今次我睜開眼，但「主角」卻不是「他」，而是另一個「他」——二哥。他更無情的坐上我的大腿，幼小的我動彈不得，他一手狎玩著我的下體，一手大力的封著我的嘴。我很生氣，惱得流下眼淚，眼淚終於流到面頰，他卻不停狎玩著我。我完了，腦中漆黑一片；我無助，得不

到一點保護。我恨我的哥哥！他們當大哥的，表面上要威風，但卻沒有半點正義之氣。

中學階段，我的體質依然孱弱，媽說我沒用，而且待我很兇，只懂罵我。我唯一能得到的就是品學獎勵。我在中學時，女老師給我很多支持及愛護，不論是文學或是運動比賽都安排我參加，很多時候我都能取得第一名。或許在「和尚寺」（即男校）中難尋一個文武全才的人，或許那些獎勵正可以減輕自己的失落。當然現在想起來，那些東西又怎能彌補自己的創傷呢，所以只能用「或許」來形容，使自己得到一種虛假的安慰。

由於我在學校有好名聲，因而找到了地位，所以惡霸也不敢欺侮我，但那些弱小、無反抗能力的同學卻會遭到玩弄。阿成是一個文雅的高個子，個性沉默，常常被人左鉗右夾的搬到後山的操場去，不讓老師看見。那些假扮「大哥哥」的人通常都是不敢見陽光的。他被「大哥哥」脫了褲子，四個大漢夾著他的四肢，其餘的便狎弄他的陽具，一些殘忍的更扯下他的恥毛，多麼殘忍！我不敢做聲，或轉告老師，生怕他們選我做下一個目標。然而，我覺得阿成真的很可憐，沒法子抵擋那些惡霸的侮辱。

校園裡還有三個「校花」，他們走到東，惡霸便吹起口哨；他們走到西，阿哥又會嗤笑他們。幸好他們總是三人同行，團結一致，不讓其他人有機可乘。可是數年前，新聞報導了其中一位男同學給同窗取笑為「女人形」，便「砰」的一聲從高處躍下自殺。這悲劇或許反映了他得不到絲毫的愛護、安全，以至無法生存下去。

有氣概的人終於出現了。還有兩個月，中學會考便要來臨，同學多埋頭苦幹。由於我成績彪炳，一位有女朋友的男同學便主動約我跟

他一起溫習。下課後，他回家換過衣服便來到我家。有時在星期五，我倆會通宵達旦唸書，他便在我家過夜。早在弟弟出生後，爸媽多申請了一間屋子，所以放學後，我總愛躲在那安全的斗室溫習，而那男同學當然也跑到這裡來。晚上，暑氣未消，但當晚沒有不正氣之風襲過來。我倆正唸得開心，大家一起睡著了。嘴唇乾乾的，便要伸出舌頭舔潤一下，卻感到另一根舌頭碰過來，但它是溫暖的，富安全感的，我們吻了三十分鐘，彼此沒有壓著對方，而我對那個動作是討厭到極點的。我得到安慰，他是欣賞的。「我愛你才這樣，對不起，但我會和你約會的。」他肯定地說。那種受寵、負責的感覺叫人難以忘懷。

　　噹噹聲又襲過來，那又提醒著我往後的課堂。大專的生活倒是沉悶的，同學間的話題多是約會、娛樂和賺外快，把基本的學習丟到別處去。為了找尋娛樂，也為了享受一點歡樂，我決定追求某女同學。她沒有圓圓大大的眼睛，頭髮蓬蓬鬆鬆的，似病後有點兒脫髮，但她笑起來是挺可愛的，會堆起一個親切、沒心機的笑臉。「喂！說些三級笑話吧，這課堂蠻沉悶的。」她回頭向著我說。我嚇了一跳，她的大膽刺激了我的好奇心：「妳住在哪兒？」我立刻便追問。放學後，我待她步出校門時即說：「送妳回去，好嗎？」「幹嘛？隨便你！」她那含苞待放的少女情懷，卻已經給我窺探出來，裝扮不了。每天放學，大家步過綠樹林蔭的小徑，手牽手，肩並肩，洋溢著溫馨之情，樹上的雀鳥也知情識趣的和應，水中的鴛鴦也游到藍天，跟我們走到美孚（香港其中一個住宅區）去。那時候，對女生只知要有一點責任心，但要怎樣投入去愛對方就有點模糊了。這種或許是受到童年的創傷影響，要我去做一個戰士保護弱小的人，而不是教我成為一個愛女

孩的人。

刻意的改變勝過天生的取向？一闋闋的歌詞和片段——「人生在黑暗內沉睡」，掛上嘴邊，但唸出來多是結結巴巴，沒有信心，滿懷沮喪。在寂靜夜空中，翻開聖經，一面把千斤重的負擔寄託那裡，一面還要把領略到的真理寫到章節旁，目的都是想得到「穿過苦痛的快樂」。無奈地細嚼了不少光景，忽然想——為什麼天父不接受我愛男孩的傾向？為什麼我總要那樣吃力地逃避「欣賞」同性？我是人，不似天父的完全。祢知道我是多麼痛苦，那種煩苦從腦頂直壓到腳底下！讓我呼吸吧！現在貼切地回想一下，倒有點「祈求天父做十分鐘好人，賜我他的吻，如憐憫罪人」的心聲。

曾經努力過便順其自然。十二年前，一位可互相愛護、保護弱小的人出現了，我也肯定了自己存在的價值，不再退縮，不再責怪自己，得到了自尊，自尊趕退了壓力。他從前也跟女孩一起走過幾年，我倆好比同是天涯淪落人，彼此關心。雖然最後他因自卑，離我而去，但他的身形是我揀選「男友」的一個指標。在邁向成熟的思想階段中，他起了萌芽的作用。起初根本料想不到他與我的處境也差不多。「我今晚很苦悶，有點兒透不過氣來。」他坐在冰冷的麻石乒乓球桌上說。他顫抖地、勇敢地說：「我很喜歡你，愛你！」他的手伸進我的手心裡。彼此不敢十指緊扣，但所接觸到的關節已熱烘烘地溫暖起來了。

迴響（秦安琪）

首先希望藉著這個機會多謝雪年的真情分享，雖然已是成人，雪

年跟我們細訴他的童年故事的時候，我們就像親眼目睹他被父母忽略、被兄長們性侵犯的經歷，他的感受，每一個情節都歷歷在目；還給予我們了解他的性別取向的心路歷程。

雪年在前半部分分享他被性侵犯的感受：強烈的無助感、無能感和憤怒。他更重複他的吶喊——得不到保護、不被尊重、不被信任、沒有安全感。這些感受正是絕大部分兒時被性侵犯的受害人的感受，這些感受嚴重影響他們的自我價值和能力感。

跟很多在家庭內或學校裡的性侵犯事件中的受害兒童一樣，雪年的經歷都未有被發現，更遑論對他的保護了。自毀行為是其中一些受害者的反應。不過，優異的成績和運動才能是雪年抵抗惡劣環境的力量，但正如他所說：「那些東西又怎能彌補自己的創傷呢！」

我們當然不能接受雪年的兄長的性侵犯行為，他們的行為也顯示另一個我們必須正視的權力問題；暴力行為是處於權力較高位置的人對弱勢的侵略行為。然而，兄弟姊妹間的虐待行為很多時候反映了加害者同樣是被忽略的青少年。

另一方面，深深感受到雪年原來對女孩子關愛的渴求，但童年的創傷教曉他「做一個戰士保護弱小的人，而不是教我成為一個愛女孩的人。」雪年也敘述了他的性別取向的後天因素——一位同性對他的呵護，令他得到所需要和渴望的溫暖和安全感，「那種受寵、負責的感覺叫人難以忘懷」。

雪年對自己的性別取向的矛盾提醒了我們社會大眾對同性戀行為普遍仍然抱著不接受的態度，認為是不正常的行為。雪年的故事叫我們重新檢視這價值觀念，雪年需要的跟每個人一樣，是被愛和被接納！

第十一章 / 高競爭下的
兒童成長

李俊秀

劉　誠

引言

我們與孩子一樣都生活在一個高競爭的社會環境中，結果如何呢？首先讓我們看看什麼是競爭。

「競爭」這詞語，在古漢語詞彙中原本是沒有的，郭象注《莊子‧齊物論》中的「有競有爭」曰：「并逐曰競，對辯曰爭」（陳通明、陳皆明、趙孟營，1999）。根據國語辭典，「競」字作相爭之解；「爭」字有辯論較量的意思。「競爭」意指「與別人相爭而有所得益，或能力之檢定」。這詞解與英語中的「compete」或「competition」是相近的（陳通明、陳皆明、趙孟營，1999）。

達爾文所言：「物競天擇，適者生存，不適者淘汰」。競爭是一種人性，人類掙扎求存、去蕪存菁的一個社會現象。從社會心理學角度來說，競爭也是個人為滿足自身多層次需求的行為方式。當提起競爭，一般而言，人們都會聯想起經濟或商業上的利潤或財富的角逐，商業社會講求效率及利益，無可置疑地，競爭是比較明顯及激烈的。但除此之外，社會生活中各方面都會存在許多競爭，譬如說，考場就是學生的其中一個競技場。香港每年只有二萬多個預科學額，而十多萬名考生不得不廢寢忘食的學習，以爭取成功考上中六，相信香港人對這情況早已是司空見慣，似乎也習慣了這種激烈的學習競爭。

從社會學理論來說，競爭指的是「個人、群體和社會在資源配置過程中的一個互動關係和行為模式」。競爭的出現是由於社會資源不足或分配不均，社會人士追求及爭奪社會上有限的物源（如權力、地位、名利）（陳通明、陳皆明、趙孟營，1999）。就現時香港的社會

情況來說，本地的確是具高度競爭的。記得曾看過一則笑話：「職業
介紹所職員詢問一名求職者，職員問：『你今年才三十二歲，怎麼會
有三十八年的工作經驗呢？』求職者答：『這是因為加班過多的緣故
哩。』」這則「加班過多」的笑話或許道出了不少香港「打工仔」的
心聲。今時今日，香港經濟不景氣，失業率達到歷年來最高點，競爭
更見白熱化。

競爭社會中的兒童成長

競爭的社會不僅對成年人構成巨大的壓力，同時對兒童成長也有
著相當重大的影響。根據香港二〇〇〇年的人口普查的統計數據顯
示，過去十年，香港貧富懸殊的情況愈趨嚴重，一九九一年的堅尼系
數（Gini coefficient）是 0.476，九六年為 0.518，二〇〇〇年升至
0.525；低收入家庭住戶（每月收入少於港幣六千元）佔有 12.5%，而
高收入家庭住戶（每月收入高於港幣六萬元）佔 8.7%，九六年相應的
百分比是 10.8% 與 6.9%。社會的資源不足及資源分配不均，或許會分
化了社會不同的階層，造成貧富懸殊的局面。

有研究發現，生長於低收入家庭的兒童，無論在生理或是心理的
發展皆略遜於較富有家庭的孩子（Jack, 2000）。研究指出中產家庭十
分重視孩子的學習與成長，他們會為孩子提供更多資源及機會，購買
豐富而多元化的教材或玩具，甚至會經常鼓勵及讚賞孩子。這些都有
利於他們的成長，使他們成為一個具自信、有安全感、持有務實價值
觀的人。這些孩子相信憑著自己的努力及知識就可以掌握未來。相反
地，低收入家庭的孩子則存有較強的宿命觀，相信命運而忽略自己的

努力（Cheung, 1986; Goldthorpe, Lockwood, Bechoffer & Platt, 1969; Lee, Cheung & Cheung, 1978; 見 Chen & Wong, 1999）。從宏觀角度來說，高競爭社會加速了社會階層的兩極化，對於生長於低下階層的小孩子來說，或許會因為資源有限而埋沒了天份，得不到適當的發展。

競爭心理與兒童成長

　　從微觀角度來看，心理學家認為競爭意識是與生俱來的。競爭是個頗為複雜的心理反應，當中涉及社會比較（social comparison）及資源爭取，一方面兒童或青少年透過與同伴的比較及觀察別人的表現來認識自我能力與衡量自己的競爭能力，他們藉著與同伴的比較，加深認識自己，建立自我概念；另一方面，兒童在爭取有限的資源環境下，會激發其潛在的競爭意識。故此，競爭可算是個人成長的必經之路。

　　競爭心理與兒童成長其實是相輔相成的，競爭意識隨著兒童成長不斷地萌芽，不斷地明顯化。同時，兒童會隨著不斷地與別人比較而有所成長。約兩至三歲的幼兒開始出現模糊而微弱的競爭力意識，並意識到自己是個獨立的個體，開始拒絕大人的幫忙及協助，堅持自己做自己想做的事。同時，他們也開始知道有些事情自己是做不來，大人卻可以做得很好，而且做得很快的（Geppert & Kuster, 1983; Lewis & Brooks-Gunn, 1979; 見 Nicholls, 1989）。根據 Nicholls 的描述，在玩積木遊戲的情境中觀察兒童行為表現時，結果顯示當大人說誰的積木做得最快最好，兩歲多的小孩對這比賽反應不大，但有趣地，三歲小孩就會毫無根由地胡亂吹噓自己是最好、最快的（Greenberg,

1932），到了四、五歲時，小孩就會對自己的積木建築進行有系統的比較，同時也表現出更直接的角力，他們期望自己能夠勝出，因此，他們會搶別人的積木，自我吹噓，甚至會貶低別人。事實上，年幼的小孩對於競賽的反應並不大，但隨著年齡增長，他們的競爭意識卻會增強。在 Morrison 和 Kuhn（1983）的研究中，他們發覺四至六歲的小孩在玩積木遊戲中大概會花 60%的時間專注於自己的玩耍中，11%的時間用在觀察別人，而且他們會選擇一些做得比自己好的玩伴，對於這種表徵，Morrison 和 Kuhn 認為，極少數的小孩會因為別人表現很好而感到挫敗或放棄，相反地，他們認為小孩是通過觀察，改善自己，提高能力，這是一個學習的過程（Nicholls, 1989）。

隨著年齡增長，小孩子的競技場會逐漸地從遊樂場轉到學業上，小學二年級的小孩能意識到自己的能力高低，會與周遭的同學比較，或許當他們知道自己比別人好或差時，心理會產生相應的變化。當他們與較遜色的同伴相比時，他們內心會感到自豪、成功；當別人超越自己時，可能會產生動力去努力趕上，也可能會是垂頭喪氣，自尊感下跌。到了高小時，兒童的競爭意識增強，無論在學習還是生活中，他們都不甘落後，希望自己表現得更為傑出，喜歡與成績佳的同學作比較，容易在競爭中有傷同學間的和氣（潘玉明、郭瑞芳，1998）。在香港一項大型研究發現小四兒童的自我概念突然下挫，競爭或許就是其中的一個因素吧（Lau, Cheung, Chan, Wu & Kwong, 1998; Lau, Siu, & Chik, 1998）！

競爭不單只存在遊樂場或學校中，在家裡也常常遇到相似的競爭情境。兄弟姊妹為了爭寵，為了得到父母更多的注意力與關心，往往會產生競爭，發生爭執。另外，父母對待兒子或女兒的觀念也有所不

同。Kramer 及 Radey（1997）的研究顯示，在四人核心家庭中，相對於姊弟或兄弟之間，父母都認為哥哥與妹妹之間的競爭及衝突最明顯。

另外，孩童玩伴人數之多寡也會影響他們的競爭意識，根據 Benenson, Gordon 及 Roy（2000）與 Benenson, Nicholsom, Waite, Roy 及 Simpson（2001）的研究指出，他們發現小四至小六的學生在超過兩人的小組遊戲中有較強的競爭表現，尤其男孩子會表現得更為進取，而且他們發現競爭行為與組別人數成正比，換言之，競爭會因應競爭人數增多而有所增強。

競爭下的成與敗

無論在成人或小孩的生活當中，競爭是必然存在的現象。普遍上，兒童或青少年最主要的競技場總是離不開考場。事實上，競爭可以是環境所造成的，或是個人性格所導致的。根據Kohn（1992）的理論，競爭可分為結構性競爭（structural competition）及意圖性競爭（intentional competition）。結構性競爭指的是基於外在環境因素所引發的競爭，例如，勝利者的人數、勝利者與失敗者之間的關係，或資源等等因素；而意圖性競爭指的是個人的性格，有些人的好勝心較強，相反地，有些人就算是在高競爭環境下，仍沒有抱很大的競爭心。

俗語有云：「有競爭才有進步。」沒錯！競爭是能夠驅使人們去改進的，在兒童及青少年時期，競爭或比賽能滿足他們好勝的心理需要，提高學習動機，他們透過比賽來鍛鍊自己，認識自己，提升能力

（Udvari & Schneider, 2000）。部分研究人員認為多鼓勵學生參加學術或學科比賽，尤其是個別能力特別超卓的學生，參與如數學奧林匹克比賽，這樣有助於鍛鍊學生的學習能力。

物極必反，「水能載舟，亦能覆舟」。當社會充滿著高度的競爭時，我們自然會不斷強調比拚或競賽時，這種無形的壓力往往織成一個個密不透氣的網，緊緊地裹住我們的孩子，阻礙他們的健康發展。就今時今日的香港社會而言，逐漸轉入知識型的經濟體系，社會人士愈來愈重視教育，重視人才培養，本來這種現象對整個社會的人才素質培養有著相當正面的影響，但礙於社會資源有限，部分學生往往就成了犧牲品。二○○○年五月十八日的《鏗鏘集》播出了一個活生生的例子，一個十二歲的小男孩說小學在一所名校讀書，課程較深奧，小學三、四年級開始，數學已經跟不上，老師又沒時間額外教導他，讀書逐漸變成壓力，他的父母也認為他小學時過得並不快樂。後來，他考不上所謂的有名中學，父母害怕他將來的競爭力不夠，尤其是英語能力方面，寧願縮衣節食，也要將他送去英國的寄宿學校讀書。當然，望子成龍，望女成鳳，這心態是完全可以理解的，不過，家長要求子女的學業成績突出時，到底會有多少的父母能夠同時關顧到孩子的身心健康發展呢？沉重的學習壓力會不會抹掉了兒童應有的天真瀾漫、阻礙他們學習應有的快樂呢？當讀書變成負擔，學習就沒有愉快可言。沒有快樂的童年生活，人生往往會有所遺憾。最近，我們訪問了四十多名初中學生，請他們談談日常生活中所遇到的問題，學生表示平常感到最大的壓力就是學業問題，有些學生表示在測試或考試的時候，往往會出現胃痛、頭痛等現象，甚至有位同學認為無論自己多努力，成績還是不會好轉，因為自己是垃圾。當學生對自己作出這樣

的判斷時，是多令人心痛呢！Chen（2000）認為中國兒童對自己的負面評價和焦慮可能與父母對他們的學習成就持有很高的期望有關。或許，不愉快的生活、沉重的壓力，如果再加上父母的不理解，往往會造成一齣齣的悲劇。

二十一世紀，當人人都在追求創意、創新的時候，而我們絕大多數學生還在埋頭苦幹，應付接二連三的測驗或考試，往往連停下來思索的時間都沒有，他們那小小的腦袋要在短短幾年的學習生涯中，不求甚解地塞進人類好幾千年來所累積的知識，這就是聞名的「填鴨式」教育。同時，在我們「偉大」的教育評量制度下，同學為了更具「競爭力」，考取優秀成績，也只好更加用功，將課本完全塞進腦袋裡。最近在一次飯局中，有位大學教授有這樣的體會：有一次他看到他那唸中二的兒子正是一字不漏地背誦作者生平，於是身為學者的他頓時獻上妙法——先理解或總結，再用文字描述出來。正當這名大學教授沾沾自喜，等待兒子仰慕的眼神和讚賞自己的聰明才智時，誰知，這位「不識好歹」的小傢伙竟說：「不行，不行，這樣太慢了，我還有很多篇章要溫習，而且用自己的文字描述，考試會被扣分的，你不是說過要我考取好成績嗎？」語畢，又埋頭苦讀那篇作者生平。當時，這位「偉大」的學者頓時挨了個「當頭棒」，哭笑不得。但平心而論，他也不能責怪兒子，因為在這現實的教育系統內，學生這樣做也是無可厚非的。或許，繁忙的學習及沒有彈性的教育方式，正無形中扼殺了學生的創造力。

根據香港一個有關創造力的研究，Amabile（1982a）首先提出競爭對創造有負面的影響。Lau 等（1998）發現學童升讀小學四年級，創造力急跌，在小五至中三的階段，創造力才略為回升，不過，中三

學生的創意能力與小一學生相若，這可能是因為小四開始要學生必須面對升學的壓力，加上老師多要求「標準答案」，故窒息了學生的思想空間，削弱了創意發展。

此外，在一些外國的研究當中，他們發覺男女的創意行為是有顯著的分別，男孩子具有更強烈的競爭意識，同時，社會人士也較認同他們的競爭意識與能力。男孩子為了追求成功，無論在語言或是身體語言上，都不自覺地表現出較強的競爭意識。在高競爭環境當中，他們凸顯了更佳的創造力（Broverman, Broverman, Clarkson, Rosenkrantz & Vogel, 1970; 見 Benenson, Gordon & Roy, 2000），相反地，在這種情況下，女孩子的創意表現都會比較弱，但在合作融洽的環境中，女孩子能發揮出很強的創造力。研究指出女孩的社交行為大多不採用競爭的交往模式（Conti, Collins & Picariello, 2001），她們是溫柔、富同情心，和善解人意的化身（Maccoby, 1998; 見 Benenson, Gordon & Roy, 2000）。

Tassi 及 Schneider（1997）認為抱著以工作為本（task-oriented competition）的學生，比賽對他們來說，主要是改進自己，提升自我能力。這種學生通常會選擇一些有難度、富挑戰性的工作或較強的對手，他們會尊重工作，重視自我改進。在我們所舉辦的活動當中，碰見過不少這類型的學生，從我們的觀察顯示，他們的學習能力較高，動機較強，學習表現較創新和持之以恆。同時，他們更注重做好功課，提升自己的能力，不太在乎是否優勝於別人。故此，他們都能與同學和睦相處，受到朋輩歡迎，朋輩都認為他們是較為親社會的（pro-social）。

另一方面，若學生持有以別人為假想敵的競爭心（other-referenced

competition），他們會著重贏或打敗他人。由於他們注重勝負，通常會選擇較容易的工作或較弱的對手，他們希望以最少的努力得到勝利，同時，他們會偶然炫耀自己的成功，故此，這種學生往往是不受歡迎的，朋輩認為他們好鬥、具攻擊性，大多數的學生都不喜歡他們。另外，研究人員指出這種學生過度看重勝利，有時會不禁犯規，例如作弊或抄襲功課（Newstead, Franklyn-Stoke & Armstead, 1996）。Bugental 及 Martorell（1999）的研究發現學生有強烈的言語競爭行為（verbal competitive），即喜歡自吹自擂或貶低別人，父母及他們自己都是比較軟弱、無能的。當朋輩間皆欠缺社交力量（social power），他們很容易發生激烈的口角。根據一項香港的研究，McCall、Beach 及 Lau（2000）指出老師認為低學業成就的學生在玩遊戲時，表現得好勝及好辯，且缺乏耐性。同時他們的社交能力也較弱、學業成就感較低，與別人交往時，他們或會有意無意地表現出較具經常攻擊性的行為，從而影響人際關係。

競爭的結果有勝有負。中國有句老話說：「成者為王，敗者為寇」。成功故然心曠神怡，但是否就沒有壓力呢？試想想要保持不敗之身，該有多難多大壓力呢？再者，就算能夠一直勝利，無敵也會是最寂寞的。記得曾經跟小朋友閒談，他們不願意考第一名，因為感到很大壓力，不知下一年會怎樣。考不到第一名，好像會有點尷尬沒趣，而且自己缺乏指標，反而成為別人追趕的對象，不好玩。至於失敗更是令人挫敗萬分，當然，某些人是愈戰愈勇，屢戰屢敗，屢敗屢戰。這當中涉及到成就歸因（attributional style）。根據國內的一項研究，劉世奎（1992）提出在失敗的時候，很多學生會歸咎於能力及努力的因素，而成功時會歸咎於工作或任務的難度。劉認為這可能與傳

統的中國文化有關，中國人崇尚謙遜的情操，對自己的一些消極結果有種自責的傾向。因此，他認為在兒童社會化的過程中，很可能形成把失敗歸因於自己的內在因素，成功歸因於外在因素。在成功時，學生會認為自己是很能幹，充滿信心的；失敗時就對自己產生懷疑。這樣，並不利於他們自尊自信的建立，很可能減低了自我概念。

　　有時候，在競爭的情境下，學生可能過於著眼於勝利而未能全面地評估自己的能力，往往會作出錯誤的判斷，過於高估自己的能力，導致事情做得未如理想。有一年，我們帶了十多位九至十二歲的學生去綠田園參觀，其中的一個活動就是要他們用鋤頭或耙子耙地，當時，綠田園備有適合小孩子和大人用的鋤頭和耙子，那位指導員拿了把他適合的大鋤頭，不知怎樣的，所有學生都盲目地拿了大人用的鋤頭或耙子，即使那位指導員不斷地提醒他們使用小農具，但都沒有人願意先去拿小農具，好像誰先拿就是失面子。我們看到有些小孩子真的需要用盡九牛二虎之力才可以提起那把沉甸甸的耙地工具。結果呢，意料中，很多小朋友都不能自如自得地耙地，體驗農夫的生活，享受耕耘的樂趣。這不自量力的行為，學生不但體會不到工作過程的樂趣，而且還很可能令自己墜入不快情緒的陷阱。Cheung（1997）指出「真正的我」（actual self）與「理想的我」（ideal self）之間存在很大的距離時，會降低學生的自尊感，她認為這種差異會影響學生的自我概念，間接增加了學生的抑鬱及孤獨感。很多教育與心理學者的研究一致認為抑鬱或孤獨與學童自我傷害行為，包括與自殺有密切的關係。其實，害怕失敗是人之常情，但，若過分恐懼而影響自我概念，形成焦慮和抑鬱，甚至作出傷害自己的行為，這種競爭的代價未免太大了。

🌸 總結

　　總而言之，適度的競爭能推動兒童學習，從挑戰中成長。但是，若用不得其所，過高競爭肯定對兒童產生反效果，對他們的成長有著相當消極的作用。對於社會環境的高度競爭的宏大狂潮中，或許身為教育工作者或家長不能瞬間創造出一個完美的學習環境，但至少可以稍微改變或接納不同的成功觀念，不再單以成績名次分勝負，不以輸贏為恥辱，反而應多提倡多元化的量度標準，發展孩子的多元智能和創造力；不以最終作品的好或壞為依歸，而是著重孩子在進程中所付出的努力，讚揚和欣賞他們的勤奮和參與。同時，我們需要因應孩子的能力及興趣，提供合適的或相應難度的活動，這樣，不僅可以滿足他們的好勝心，而且還能從成功或努力中建立起自信自尊。

　　Cheung、Ma 及 Shek（1998）提出具備以上兩種競爭意識的學生，較樂以助人，受到朋輩歡迎；而合作為本的競爭意識更有助於減低男生的反社會行為。有趣的是，他們的研究發現男女生在輸贏與合作的選擇與行為表現很不同。男生愈想贏就愈願意與人合作，女生恰恰相反，她們認為要贏就不該與對手合作，故此她們通常會獨自完成工作。這男女不同的心理行為，我們認為，或許是女生在競爭與合作的工作模式中，需要灌輸雙贏的概念，與更多的鼓勵和讚美。此外，我們認為改變孩子的學習或處事態度也是相當重要的，培養他們以工作為本（task-oriented）及合作為本（collaborative oriented）這些較佳的競爭意識。一般而言，以工作為本的孩子認為成功就是自己所掌握的技能或學識；合作為本的孩子認為成功就是與夥伴合作無間，順利

有效地完成工作，這樣，不但有利於孩子的身心發展，而且可以培養出有責任感、創意、勤奮好學的未來社會主人翁（Cheung et al., 1998）。

參考書目

Amabile, T. M. (1982a). Children's Artistic Creativity: Detrimental Effects of Competition in a Field Setting. *Personality and Social Psychology Bulletin, 8*: 573-578.

Conti, R., Collins, M. A., & Picariello, M. L. (2001). The Impact of Competition on Intrinsic Motivation and Creativity: Considering Cender, Gender Segregation and Gender Role Orientation. *Personality and Individual Differences, 30*: 1273-1289.

Benenson, J. F., Gordon, A. J., & Roy, R. (2000). Children's Evaluative Appraisals of Competition in Tetrads Versus Dyads. *Small Group Research, 31*(6): 635-652.

Benenson, J. F., Nicholsom, C., Waite, A., Roy, R., & Simpson, A. (2001). The Influence of Group Size on Children's Competitive Behavior. *Child Development, 72*(3): 921-928.

Broverman, I. K., Brovermna, D. M., Clarkson, F. E., Rosenkrantz, P. S., & Vogel, S. R. (1970). Sex-role Stereotypes and Clinical Judgements of Mental Health. *Journal of Consulting and Clinical Psychology, 34*(1): 1-7.

Bugental, D. B., & Martorell, G. (1999). Competition between friends: The Joint Influence of the Perceived Power of Self, Friends and Parents. *Journal of Family Psychology, 13*(2): 260-273.

Chen, E. K. Y., & Wong, T. Y. C. (1999). Socioeconomic Transformation and Child Development in Hong Kong. In Pryde & Tsoi(Eds.), *Hong Kong's Children: Our Past, Their Future.* Hong Kong: The University of Hong Kong, Centre of Asian Studies. pp. 23-61.

Chen, X. (2000). Growing Up in a Collectivistic Culture: Socialization and Socioemotional Development in Chinese Children. In Comunian, A. L., & Gielen, U. P. (Eds.), *Human Development in Cross-cultural Perspective.* Padua, Italy: Cedam.

Cheung, F. M. (1986). *Caretaking Forms and Styles in Urban Hong Kong.* Hong Kong: Chinese University of Hong Kong, Institute of Social Studies.

Cheung, P. C., Ma, H. K., & Shek, D. T. L. (1998). Conceptions of Success: Their Correlates with Prosocial Orientation and Behavior in Chinese Adolescents. *Journal of Adolescence, 21*: 31-42.

Cheung, S. H. R. (1997). Peer Relationship: How Different is Social Self-discrepancy Related to Depression and Loneliness among the High Average and Low Academic Achievers?. Unpublished Master's Thesis, Hong Kong Baptist University, Hong Kong.

Geppert, U., & Kuster, U. (1983). The Emergence of Wanting to do It Oneself: A Precursor of Achievement Motivation. *International Journal of Behavioral Development, 6*: 355-369.

Goldthorpe, J., Lockwood, D., Bechoffer, F., & Platt, J. (1969). *The Affluent Worker in the Class Structure.* Cambridge, England: Cambridge University Press.

Greenberg, P. J. (1932). Competition in Children: An Experimental Study.

American Journal of Psychology, 44: 221-248.

Jack, G. (2000). Ecological Influences on Parenting and Child Development. *British Journal of Social Work, 30*: 703-720.

Kohn, A. (1992). *No Contest: The Case against Competition.* (2nd ed.) New York: Houghton Mifflin Company.

Kramer, L., & Radey, C. (1997). Improving Sibling Relationships among Young Children: A Social Skills Training Model. *Family Relations, 46*: 237-246.

Lau, S., Cheung, P. C., Chan, D. W., Wu, W. Y. H., & Kwong, J. M. L. (1998). Creativity of School Children: The Use of the Wallach-Kogan Creativity Tests in Hong Kong. Unpublished Report. Hong Kong Baptist University.

Lau, S., Siu, C. K. K., & Chik, M. P. Y. (1998). The Self-concept Development of Chinese Primary Schoolchildren: A Longitudinal Study. *Childhood: A Global Journal of Child Research, 5*: 69-97.

Lee, R. P. L., Cheung, T. S., & Cheung, Y. W. (1978). *Material and Nonmaterial Considerations in the Life Satisfaction of Urban Residents in Hong Kong.* Hong Kong: Chinese University of Hong Kong, Social Research Centre.

Lewis, M., & Brooks-Gunn, J. (1979). *Social Cognition and the Acquisition of Self.* New York: Plenum.

McCall, R. B., Beach, S. R., & Lau, S. (2000). The Nature and Correlates of Underachievement among Elementary Schoolchildren in Hong Kong. *Child Development, 71*(3): 785-801.

Murrison, H., & Kuhn, D. (1983). Cognitive Aspects of Preschoolers' Peer Imitation in a Play Situation. *Child Development, 54*: 1041-1053.

Newstead, S. E., Franklyn-Stokes, A., & Armstead, P. (1996). Individual Differences in Student Cheating. *Journal of Educational Psychology, 88*: 229-241.

Nicholls, J. G. (1989). *The Competitive Ethos and Democratic Education.* Harvard University Press: USA.

Tassi, F., & Schneider, B. H. (1997). Task-oriented Versus Other-referenced Competition: Differential Implications for Children's Peer Relations. *Journal of Applied Social Psychology, 27*: 1557-1580.

Udvari, S. J., & Schneider, B. H. (2000). Motivation and Achievement Competition and the Adjustment of Gifted Children: A Matter of Motivation. *Roeper Review, 22*(4): 212-216.

陳通明、陳皆明、趙孟營（1999），《和平的角逐關於社會競爭的社會學討論》，中國銀川：寧夏人民出版社。

潘玉明、郭瑞芳（1998），《擁抱太陽：幼兒小學生中學生心理分析》，北京：中國工人。

劉世奎（1992），〈課堂情境中學生競爭對其成就歸因和成就行為的影響〉，《心理學報》，第二期，頁 182-189。

第十二章

無聲的呼救
——再看少年
自傷行為

趙雨龍

引言

一般人認為青少年人自傷行為與尋死有關，其實自傷有別於自殺，自殺者有明顯尋死的意圖，自傷者卻無意結束生命，但是以為可以控制到不越界限，用刀片、藥物等來自傷，最後或許失控，演變成自殺，其實他們並不一定有尋死的意圖（Brooksbank, 1985）。也有人認為自傷即是割腕，其實自傷形式最常見的是用利器切割（Pedinielli et al., 1988），但其實也可以是其他的形式，如火燒（包括煙斗）（Clery, 2000）、硬物攻擊、用手抓至發炎出血（Ross & Heath, 2002）、用齒咬舌、手指、腳等、服食藥物或毒物（Aghanwa, 2001; Bernstein et al., 1987; Borna et al., 2001）（以外國較多），令自己骨折（de Young, 1982）、暴食或者是不進食等數之不盡的方式。

中國人傳統認為自傷引致髮膚之痛，是不孝敬父母的表現；其實當事人在自傷的時候正在高度集中於自己的感受，大多數並沒有即時考慮到其他人的看法。也有人以為自傷是為了引人注意，雖然往往有人以傷痕來炫耀或引人注意，但是這並不是主要原因，當時他們並沒有想過要得到注意，這只是行為的結果，從性質上來說自傷其實被稱為「無聲的呼救」。此外，也有人認為自傷者是心理變態的，其實現代社會上普遍存在著不同型態的自傷行為，很多表面很光鮮的人，也有自傷的行為，例如過分的節食瘦身、暴飲暴食、吸菸、飆車、過勞、紋身、沉迷於打電玩以致癲癇症發作、過分嚴守宗教禮儀苦行等等，都可能是自傷的表現，視乎我們如何界定，只不過成年人的生活較少受批評，少年人卻較多限制而已。

從有關自傷研究我們可以歸納出以下對於自傷行為的理解——一般而言，兒童時期曾經受肢體虐待（Adshead, 1994）、性虐待（Coll et al., 2000; Gardner, 2001; Horowitz, 1999）、家庭有嚴重衝突者（Thompson & Bhugra, 2000）、抑鬱（depressed）及感覺無助（helpless）（Stravynski & Boyer, 2001），及殘障者也較為容易自傷（Lang & Remington, 1994; Sinason, 1992）。自傷行為並不標誌著當事人的人格有問題，我們可以把它視為一個徵狀，換言之，自傷行為有它要傳遞的訊息，告訴你什麼地方出了錯。

非意識及意識層面看自傷

自傷行為可以從非意識和意識兩個心理角度了解。非意識心理角度也即是潛意識心理角度，有時人清醒時的（意識）表達與內在的原因未必相同，自傷者可能會說「我這樣做感覺到自己的存在」，真的使人摸不著頭腦，因為不存在又怎麼能夠自傷呢？有時他們會說「我這樣做連自己也嚇一跳」或者「我覺得很悶」；因此，自傷者也不一定清楚自己內在的感受，有時他們或許會感受到一點，例如，有憤怒而不自知，較難回應和表達出相應的情緒，憤怒便會較容易受壓抑而內化了，轉而傷害自己。自傷行為表達出當事人內化了的憤怒和罪疚感，當內化現象出現之後，身體彷彿不再屬於自己，傷痛並不帶來痛感，他們並不擁有對這身體的責任；也有可能自傷行為是在潛意識的心理層次重演著急創性（被虐）的經驗（enactment），例如小孩子被虐待，他沒法逃避，也不能表達憤恨，日後甚至自責當時不求助，現在透過集施虐者與被虐者於一身，以控制以前不能夠控制的事情。由

於外顯的身體受傷比內在的傷痛容易處理，曾受虐待者透過外顯的受傷，象徵性地處理內心的傷痛。

另一個是從意識心理角度來看，即是說當事人理解所發生的事情；人類不會持續一種沒有獎勵的行為；那麼自傷行為會得到什麼獎勵呢？在感官上的刺激是一種獎勵；此外，痛楚也可以是一種獎勵，當外在的痛楚，可以帶來片刻內在矛盾的舒緩，那麼身體適應了自傷的反應，大腦排出胺多芬，除了止痛之外，也會帶來快感；此外，制控感也是一種獎勵，因為自傷可以使內心不受控制的痛苦轉移成為身體的痛楚，為自己帶來制控感；另一方面，當自傷行為能夠帶來別人的關注，這結果便會成為一種次獎勵（secondary gain），使當事人有需要的時候會再次使用相同的方式獲得關注；最後，自傷行為也可能是透過學習形成，當人察覺到原來自傷行為可以得到以上的好處，在內心痛苦的時候，可能會仿效同類的行為，這種情況稱為觀察性學習。

一個本地自傷研究的結果

筆者與神託會社會服務部去年合作一項研究，在沙田和屯門區各抽取三所中學中三學生作出調查，成功收回有效不記名的問卷一千零五十五份，其中26%表示曾經有自傷的經驗，其中男生佔32%，女生佔68%，可能女生青春期身體變化比較早，中國文化也比較接納她們的情緒表達方式，無論如何，以上現象也許反映了時下香港同輩女生身處的獨特環境。

問卷也嘗試了解自傷行為與什麼有關係。回應反映出55%自傷與

感情有關係，40%自傷行為與父母有關係，36%與朋友有關係，約四分之一與學業有關，其他佔20%，總括而言，自傷主要與反映出青少年期的年齡發展特性與人際關係相關。

至於曾經自傷組群曾否向人透露自傷行為的問題，問卷反映出80%從未向父親透露，四分之三從不向母親透露，四分之三不會向老師或社工透露，同學佔四成多，另外有三分之一從不向好朋友透露，反映出這組群大部分不向身旁的人透露問題，值得我們探究是什麼原因引致他們不向人透露困難。

其他特徵方面有以下各點：不在固定的時間進行佔96%，較多單獨進行佔78%，涉及飲酒佔40%，曾有其他人在場有41%，曾因此接受精神科或心理治療的只佔4%，曾藥物濫用的佔7.6%，曾情緒抑鬱的佔35%。

另一方面，自傷組與非自傷組的差異有以下各項——自傷組女性比例比非自傷組高；自傷組自我觀念比非自傷組低；自傷組自我學業評價比非自傷組低，及自傷組對前景的看法比非自傷組暗淡。不過，根據經驗我們發現，學業成績好的學生也有自傷的行為。

自傷的類型

一般醫學的角度都是以自傷的程度和身體部位來作類別分野，但由於自傷的原因因人而異，而且涉及的受傷程度又有所不同，也不一定涉及身體表面的受傷，所以以往既有的醫學分類只是方便醫療人員對傷處作出緊急的治療，卻無助於了解或解決根本性的問題。相反地，將自傷心理分類卻可以為我們帶來對自傷者多一點的了解。從自

傷者對自傷行為及自我的描述中，我們大致可以將他們分為自殺型、快感型、舒解型、好奇型、失敗型和後悔型，以下我們再進一步分析不同型態者的心理狀態。

自殺型會表達出「很傷心，很想以死解決問題」、「好痛苦，好想死」及「後悔當時未能死去」，顯示自傷者有尋死的動機，但要留意自傷者很快便會知道以自傷手法來自殺，並非是個有效的途徑，所以雖然這個類別的人數非常少，但如果導致尋死的動機得不到適當處理，自傷者有很大機會會嘗試其他自殺的途徑。

快感型比較困難處理，原因是自傷行為得到獎勵，比方飆車獲得快感為一例子。割腕者本來情緒混亂，割腕之後感到平靜，見到血液滲出感到興奮，藉此情緒由不開心轉化成為開心，甚至是非常開心。這類快感型自傷者的自我獎賞的惡性循環不被介入和打破的話，容易慢慢變成非常頑強的習慣。

舒解型自傷者未必因為自傷行為本身而得到直接的開解，反而是因為自傷的痛楚將整個人的專注和感受都震懾住，無形中使備受煩惱的內心有片刻的舒緩。雖然這種舒緩是極短暫的，但對於一位天天都在煩惱中的人來說，已是某個程度的解脫，什麼是短暫、什麼是長遠的解困，對自傷者來說都不是重要的考慮。

好奇型自傷者動機只是覺得有趣想知道自傷的感覺，因此想嘗試，這類別的自傷者較多從其他人士了解自傷的行為與途徑。好奇型自傷者日後的發展如何，很在乎好朋友間如何理解自傷，及其初次自傷的感受。大部分的好奇型自傷者得不到好友的認許和得不到任何心理獎賞時，大多數會因為痛楚而放棄日後繼續自傷的行為。但也有少數的好奇型自傷者會轉而成為其他類型的自傷者。

　　失敗型即是自傷行為本意是尋求情緒舒緩，但是自傷之後困擾的情緒並沒有改善，甚至更加感到無奈。這個情況下自傷者會感覺自己完全失敗，連自傷都「沒有用」。有的會放棄自傷行為，尋求其他較理性和有效的途徑，也不排除有些自傷者轉而嘗試更嚴重的自傷方式。

　　後悔型在開始之前很害怕，自傷時恐懼，自傷之後會感到自己愚蠢。他們也許是想發洩或者藉此得到別人的關心，但事後卻會覺得自己很傻，因為可能留下明顯疤痕，或者被其他人責罵，從此不再嘗試。

　　以上探討了自傷各種型態，但是我們得避免以偏概全。自傷不是只有一種，就是一般人以為的那些「做傻事」的人。分類為的是協助師長和專業人士了解，而不是要將自傷者定型。型態是可以轉變的，也可以是同時間兼有兩種或以上的型態。

對應策略

　　策略探討方面，大部分自傷都是隱藏和不告訴他人的，尤其是那些未被人知道的。所以必須營造接納和信任的氣氛。你的態度和反應，往往決定了他下一次是否與你坦白，和其他知道事情的人也會心裡有數，自揣倘若他們有同類情況是否與你坦白。

　　文化規範令自傷帶有污名／標籤，視自傷等同於不自愛、不孝順、人格或精神有問題。請勿將問題道德化，以致自傷者不輕易求助，也因此不容易令師長有機會去處理自傷背後的問題。在政策方面，我們需要考慮如何改善教育制度，讓老師能多接觸和關心同學；

也要思考如何在校內形成校內師生間暢所欲言的氣氛，同時要形成朋輩間有效的支持網絡。

自傷不是個人品格問題，乃是與青少年如何應對人生改變中的人物關係和要求有關。父母要留意孩子的社交發展（包括男女友關係、與父母關係、與朋輩關係），並且要發展孩子的應付能力，此外家長和校方的合作關係應該延伸至學業成績和校內操行以外，共同關心學童的心理發展。

自傷既多型態又個別化，所以萬勿整體化和定型化；要了解自傷同學的型態和處境。換言之要實行識別化治療（differential treatment），並且要評估問題的嚴重性、頻密性和涉及的是什麼學習原理，也即是行為的處境、原因、涉及的人物和事情、結果等。

自傷行為可能會依循一個「動機／意識 →行為 →結果→動機」的惡性循環而被強化，因此我們要在這循環被強化之前介入處理，以打破惡性的循環強化（Handling Undesirable Circular Reinforcement）。

其中一個處理方法是教導正面思想（positive thinking），大部分自傷者可能經歷了太多的挫敗，出現抑鬱的情況，我們要正面向他／她表明自傷不是個好方案，自傷帶來對自己的傷害，既不真正利己，也不利人，而且自傷無助別人了解自己。不自傷的能力感和制控感比自傷的更強，因為學習處理根本問題比一刻的舒緩更能令我們成長。

態度方面，要堅定仁慈地不認同（kind but firm disapproval），例如說「我因為你這樣做的緣故，感到憂傷」、「你這樣做傷害不了人，祇是傷害到你自己」。

另一方面，要針對結果減低或防止強化作用，例如告訴自傷者

「你這樣做是沒有辦法把她帶回來的。」、「你可以一世這樣做來留住對方嗎？」、「你想他會因為同情你而選擇你嗎？」，最後，倘若你沒有辦法有效地協助自傷者，你可以把他／她轉介專業的協助，例如專業輔導員和精神科醫生。

此外，我們不單只勸告自傷者停止自傷行為，也要訓練另類學習（learning alternative coping），包括學習情緒管理、建立良好的溝通管道、提高理性思考和尋求解決能力、培養堅毅度和預習性學習（anticipated learning），按著青少年的人生發展階段，設計一些習作，讓青少年預習成功解決問題之道。

案例

亞婷是一所女校中二生，性格較內向，成績一般，但不是班中的麻煩製造者。父母也是一般的勞工階層，日間工作，知識水平也沒有能力協助亞婷的學業及功課。弟弟在唸小五，放學後大部分時間在青少年中心參加課輔班及流連。在交功課的時候，老師發現亞婷左腕平時戴上的織帶下，彷彿有些淡淡的疤痕。經與輔導組的老師商量後，決定由學校社工負責跟進。學校社工交談中發現亞婷在兩個多月前曾經有兩次的割腕經驗，開始的時候她只是與另一有割腕習慣的同學甲互相傾訴，然後看著她輕微的割腕，亞婷開始覺得原來割腕也是一種舒緩內心不快的方法，沒有什麼大不了，而且那位過來人也初步教了她如何控制割的力度、位置及深淺，令她相信不會危及性命。

然後接著的兩次割腕都是與不愉快的事件有關。第一次是拿中期成績，有個別科目成績特別差，由交談到割腕，那位甲同學及另外兩位同學都在場，她們都躲到山坡一個隱密處一起割腕；另一次發生在

與母親衝突後的隔一天，亞婷放學後回到家中，見弟弟還沒回來，於是躲在廁所自己嘗試用利器割腕。兩次的傷勢很淺，沒有太多血，好了以後只留一絲白痕，加上手腕織帶的遮蔽，不留心的話根本就不會發覺。

從亞婷口中知道同學甲的割腕經驗最深，她的家庭背景也比較複雜，而且有好幾次的割腕，甲都表示想了結生命。甲從中一開始已經涉及一些男女關係，而且缺課嚴重，又涉及伴眾毆打另一同學，校方訓導主任正在處理中，有可能要求甲同學退學。

社工對問題的初步理解及考慮

亞婷的割腕問題較淺，發生時間較近期，加上現階段也怕別人和父母知道自己的情況，如果協助處理恰當，成效會較大，也容易得到校方的合作。至於甲同學的問題較重，如果退學的話，駐校社工的身份也不可以提供定時和密集式的專業輔導，與其到時再作轉介，產生適應新社工的問題，所以經考慮後決定不主動開始甲同學的工作。

社工採取聆聽的態度，既不嚴苛的指責，也不正面容認許亞婷割腕的行為。經過坦誠交談，嘗試了解亞婷自傷的因由和經過。初步的分析認為：

• 亞婷感到沒有管道舒解與母親爭執後的失落情緒。

• 亞婷在學業上遇到挫折，缺乏成功感和自控感。

• 亞婷的朋友不多，也缺乏正面的社交支援，她珍惜甲同學的友誼，也同時受到她負面的影響。

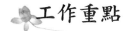

工作重點

　　針對第一點，社工的重點是在於提供一個耐心聆聽的環境，讓亞婷可以有機會表達與家人爭執後的種種情緒，由於亞婷的性格較內向，所以社工需要有加倍的耐性及引導。社工定時的接見和關懷，為亞婷提供了甲同學以外的另外一個有效選擇，同時也可以減低亞婷對甲同學的依賴和需要。

　　針對第二點，社工嘗試協助亞婷尋找成功感和自控感。經過翻看亞婷過往一年多的成績，並且和關心她的那位老師討論，社工員得出的結論是——亞婷缺乏學長和老師在學業上的諮詢，她也不敢主動向師長請教。經商討及亞婷的同意，那位老師願意每星期兩天在放學後主動關懷亞婷的功課，和嘗試解答她的疑問，但亞婷則須在當天留校一小時做家課，為期三個月，之後再作檢討。社工另外在首月每週會見亞婷一次，談話主題由亞婷自行決定，其後隔週見面。三個月後亞婷的功課和學習都有了改善，上次最令她失望的科目明顯的追上了，亞婷亦感到自己也有一點能力，不須遇困即說放棄。在後來的半年，因為老師的工作繁重，所以改由一位中四班的學長代為指教，同時也促成了亞婷所信賴的另一段友誼，成了亞婷很強的支持。

　　在往後幾次的交談中，社工強烈的感到亞婷的自我描述充滿相當多的絕對性句子。例如「不開心都沒辦法，惟有割腕……」，「自己又讀書不成，不中用」。所以交談的重點在開導亞婷理解她的想法不一定是絕對，透過鼓勵和點出她也有一些例外的時候，心情不愉快的時候她還可以選擇其他的方式去處理；讀書不成（成績不理想）也不

一定代表自己沒有用,況且自己學業上能否再改進也未有定論。亞婷也開始明白自己的看法不一定對,社工也鼓勵她找學長或老師閒談討論,印證自己的看法。甲同學不久便退學了,而且也很少與她聯絡,所以對她的影響也漸漸減少。雖然起初亞婷也有心想找甲同學來與社工見面,讓社工幫助她,但後來輾轉知道她犯了法,被判入女童院,所以也就沒有聯絡了。

結論

試想像亞婷的問題被揭發、被挑戰和被設法禁止,我們不難預計到情況可能會更壞。割腕是她處理挫敗的方法,儘管這個方法是不良及缺乏建設性的,不諒解的挑戰只會帶給她更大的挫敗感,把她推往一個不被接納的極端。要關心的不單是她會否割腕,更是她割腕背後的情況和原因。當事人不一定懂得把整個圖像建構起來說給你聽,她甚至可能沒法為自己這行徑給你一個合理的解說,但這無聲的呼救有待你細心、耐心的解讀。不希望她在沒有割腕的日子,是平靜得引不起別人的關懷和注意。

參考書目

Adshead, G. (1994). Damage: Trauma and Violence in a Sample of Women Referred to a Forensic Service. *Behavioral Sciences and the Law, 12*(3), 235-249.

Aghanwa, H. S. (2001). Attempted Suicide by Drug Overdose and by Poison-Ingestion Methods Seen at the Main General Hospital in the Fiji Islands: A Comparative Study. *General Hospital Psychiatry, 23*(5), 266-271.

Bernstein, G. A., Hughes, J. R., Mitchell, J. E., & Thompson, T. (1987). Effects of Narcotic Antagonists on Self-injurious Behavior: A Single Case Study. *Journal of the American Academy of Child and Adolescent Psychiatry, 26*(6), 886-889.

Borna, P., Ekedahl, A., Alsen, M., & Traeskman Bendz, L. (2001). Self-poisonings with Drugs by Adolescents in the Lund Catchment Area. *Nordic Journal of Psychiatry, 55*(5), 325-328.

Brooksbank, D. J. (1985). Suicide and Parasuicide in Childhood and Early Adolescence. *British Journal of Psychiatry, 146*, 459-463.

Clery, C. (2000). Self-directed Violence in Adolescence: A Psychotherapeutic Perspective, Boswell, Gwyneth (Ed). (2000). *Violent Children and Adolescents: Asking the Question Why*. London: Wurr (pp. 91-103).

Coll, X., Law, F., Tobias, A., Hawton, K., & Tomas, J. (2000). Relacion entre abuso sexual en la infancia y sobreingesta medicamentosa en edad adulta. / The Relationship between Sexual Abuse in Childhood and Overdoses in Adulthood. *Revista de Psiquiatria Infanto Juvenil,* (2), 74-86.

de Young, M. (1982). Self-injurious Behavior in Incest Victims: A Research note. *Child Welfare, 61*(8), 577-584.

Gardner, F. (2001). *Self-harm: A Psychotherapeutic Approach.* New York, NY, US: Brunner-Routledge.

Horowitz, L. A. (1999). The Relationship of Childhood Sexual Abuse to Re-victimization: Mediating Variables and Developmental Processes. *Dissertation Abstracts International: Section B: The Sciences and Engineering.* Vol 60(4 B): 1855.

Lang, C., & Remington, D. (1994). Treatment with Propranolol of Severe self-injurious Behavior in a Blind, Deaf, and Retarded Adolescent. *Journal of the American Academy of Child and Adolescent Psychiatry, 33*(2), 265-269.

Pedinielli, J. L., Bertagne, P., & Chabaud, B. (1988). Les phlebotomies: Approche descriptive et quantitative. / Wrist Cutting: Descriptive and Quantitative Approach. *Psychologie Medicale, 20*(3), 448-453.

Ross, S., & Heath, N. (2002). A Study of the Frequency of Self-mutilation in a Community Sample of Adolescents. *Journal of Youth and Adolescence, 31*(1), 67-77.

Sinason, V. (1992). *Mental Handicap and the Human Condition: New Approaches from the Tavistock.* London: Free Association Books.

Stravynski, A., & Boyer, R. (2001). Loneliness in Relation to Suicide Ideation and Parasuicide: A Population-wide Study. *Suicide and Life Threatening Behavior, 31*(1), 32-40.

Thompson, N., & Bhugra, D. (2000). Rates of Deliberate Self-harm in Asians: Findings and Models. *International Review of Psychiatry, 12*(1), 37-43.

第十三章 / 青少年自殺
行爲

林潔心
何定邦

🌼 引言

社會經濟不景氣，失業人口增加，暴露了更多家庭問題。報章上報導的倫常慘劇或自殺個案之多，不期然使人感到無奈，而當中青少年自殺的增加不禁令人擔心。

「自殺行為」其實包含意思廣泛，這包括自殺念頭、暗示、計畫、行動和成功自殺身亡，這些行為有很多相似的特質，但是也有其不同之處。企圖自殺是指用任何形式對自己身體作出傷害可以引致死亡的行為。對於大部分的自殺者，這些行為可以看作是不同的階段。要明白一個人如何踏上自殺之路，首先要對自殺行為有基本認識，才能更有效地對自殺者施以援手。

大部分研究同意自殺行為在兒童階段極為罕見，但隨著年齡增長，這些行為也有所增加，企圖自殺行為的高峰期大約為少年後段至二十來歲初段。雖然，自殺死亡率以男性為高，然而，企圖自殺則在女性較為普遍，最常見的自殺方法是服食過量藥物、企圖從高處跳下、以利器割脈等。

🌼 青少年自殺行為的嚴重性

失去年輕生命，必定令人感到惋惜，但是青少年自殺行為的嚴重性，不僅在於它對個人或家庭的打擊，它對社會的影響也不容忽視。

雖然自殺身亡並不能說是個很普遍的現象，舉例：在每十萬個十五至十九歲青少年當中，每年就有大約十個因為自殺死亡。而這個數

字，差不多在所有已發展國家，自殺已是排行第二的青少年殺手，僅次於意外死亡。而且，在大部分地區，包括香港，這些數字在過去二十年也有上升的趨勢。

另外，相對於成功自殺身亡，企圖自殺則是並不罕見。由外國統計指出，企圖自殺相比成功自殺超出百倍。這說明當大眾正為在報章上所看到的個別青少年自殺事件而感到惋惜的時候，社會上其實有更多的青年人也企圖自殺，只不過因為種種原因而未能「成功」。再者，就算是最全面的統計研究，青少年企圖自殺的情況，往往也會被低估。這個大概不難明白，因為絕大部分自殺失敗的青少年都不會在事後透露其自毀行為。他們可能在仰藥後感到不適，在洗手間吐出之前服下的數十粒成藥，自己清理之後便不動聲色地上床睡覺，第二天繼續上學去。他們不會求診，也未必接觸學校老師或社工，父母也不知道這些子女曾經企圖自殺。由此可見，到醫院治療或在學校處理的企圖自殺個案實在是冰山一角。

此外，大部分研究也指出，自殺念頭比企圖自殺更為普遍。統計發現約有二至四成青少年曾經有自殺念頭。雖然大部分都屬於短暫性質，但其中少部分人就會付諸實行。

少年自殺行為的成因

青少年人究竟為什麼要自殺？這個問題難以從單一理由分析，事實上，這些行為是不同因素在不同層面互相影響後的結果。如果以單一理由解釋自殺事件，例如：為情輕生、考試壓力、家庭問題、人際關係問題等來解釋，就似乎將問題過於簡化。基本來說，高危險因素

可以從內在和外在的兩個角度來理解。

內在因素，是指青少年的個人特質，最明顯是精神健康狀況及心理狀況，包括性格、思維模式等；外在因素則是指家庭、朋輩、社會風氣對青少年的影響。

內在因素

㈠精神健康狀況

研究發現，自殺死亡者高達九成患有不同的精神健康問題，而在青少年中最常見的是抑鬱症、酒精或藥物濫用、品行失調等。

抑鬱症增加了企圖自殺及自殺身亡的危機；綜觀而言，多項國外大型研究發現，自殺身亡的人士中，約有五成患有抑鬱症，某些地區，如台灣，更加高達八成。在企圖自殺的青少年中大部分研究也同意八成以上有不同的精神健康問題，其中也以抑鬱症最多，例如瑞典一個就青少年企圖自殺的研究發現——六成男性患有抑鬱症；另外，超過四成女性也有相同狀況。一般而言，企圖自殺的年青人患有抑鬱症的機會比一般人高出大約十倍；反觀，有抑鬱症的年青人比一般人企圖自殺的機會也高出大約十倍。

同樣患有抑鬱症，企圖自殺的年青人相對於沒有行動的一群有著一些異處。調查指出，他們多生活在破碎家庭，而且有親人曾經企圖自殺甚至自殺身亡。他們較多離家出走的情況。而在他們成長過程往往缺乏成熟的成年人作為正確處事態度的榜樣；另外在學業或工作上，他們也面對較多困難，人與人之間的相處也較容易為他們帶來煩

惱。

　　除了抑鬱症外，酒精及藥物濫用也是廣為人知的青少年自殺高危險因素，濫用藥物及酒精的青少年比一般青少年自殺的機會高出六倍。研究也發現，超過八成有濫用酒精情況的青少年患有其他精神健康問題，其中最常見的是抑鬱症。不同研究發現青少年自殺念頭雖然普遍，但在濫用藥物及酒精的一群當中這些念頭則是更為頻密、嚴重和持久，而萬一付諸實行，所採取的方式也較為激烈。

　　服用酒精及藥物後，它會對中樞神經所產生的即時影響，例如：減低自制能力、影響正確判斷等，這些也增加了自殺行為的機會；然而，也有部分企圖自殺的青少年以酒精或藥物作為「壯膽」（加強勇氣）之用。

　　相對一般青少年，企圖自殺者也較常有品行失調（conduct disorder）的情況。而死亡者當中大約有兩成在生前有品行失調的問題，這較一般流行病學研究發現的五至十的百分率為高。這群有品行失調問題的青少年傾向採取有攻擊性、破壞性的處事方法，而且也有欺詐及嚴重違規的情況；這樣，企圖自殺反映著的有可能是因為他們的行為模式，容易為自己在生活上製造煩惱；也可能是反映著當面對困難時，他們比較衝動的情緒反應。從另一角度來看，自殺行為的其他高危險因素，如家庭問題、藥物濫用、虐待兒童紀錄等，也同時增加著品行失調所發生的機會，這樣反映的也可能是自殺行為和品行失調擁有著一些共同的高危險因素。

　　除了以上提及的精神健康問題，性格障礙及焦慮症等也在一部分的青少年企圖自殺者中發生。

㈡企圖自殺青少年的心理狀況

企圖自殺青少年的心理狀況常有以下特點：自尊心低、性格衝動、思想極端及固執、解決問題能力有弱點、感到絕望。

在各個心理特點當中，性格衝動似乎對年青人自殺行為有著一定影響，例如大部分的企圖自殺行為都是沒有預先準備的。事實上，一些研究發現只有大約兩成半成功自殺的青少年有預先準備的跡象，其他大部分也可視作為一時衝動的表現。而且在死亡的個案中，青年人相對於成年人也較為衝動和有較多憤怒情緒。另外一些研究也指出，有爆發性及攻擊性傾向的青年人也有較大的機會重複自殺行為。

研究發現相對於一般人，企圖自殺者處理問題的能力較弱。例如當面對困難時他們比較被動，較少主動解決困難，而且他們想像可以解決問題的答案也較少，並且他們會把思考重點放在問題本身而非在解決問題的方法。處理人際關係問題的方法也較為「一廂情願」，而未能有效地解決問題。

「極端思想」（dichotomous thinking）是指這群青少年在觀察及理解事件時，有著「非黑即白」的傾向。例如：一個思想極端的少女會覺得與別人談戀愛就只有強烈的愛和完全擁有，否則就等同於憎恨和仇怨。這樣的思維模式容易使人覺得自己被困。除了想法較為極端，也有研究顯示他們的思想也偏向固執和缺乏彈性。這樣，當其他人已經對解決不了的問題予以釋懷的時候，他們仍會纏繞當中，難以自拔。

當一個人感到挫敗時自然比較脆弱，如果再加上缺乏轉機的感覺，就令人感到絕望。在成年人中「絕望感覺」能夠預測自殺行為，

但在青少年中還沒有一個清楚的答案。另外，在多項研究也發現，企圖自殺的年青人有自尊心低及缺乏自信的情況，但是這些情況也可以是抑鬱症的反映。當然情緒對於一個人的感覺、思維和解決問題的能力也是息息相關的，究竟以上提及的種種情況是情緒問題，還是思維模式出現的缺陷，仍然有待解答。

(三)先天因素的影響

研究發現，自殺可能和先天因素有關；有近親自殺死亡的青少年，相對於沒有近親自殺死亡的青少年，他們的自殺死亡率高出二至四倍，類似的情況也在企圖自殺的青少年中發現。這個現象當然可能和這些青少年與有自殺傾向的親人一同居住而經歷著同樣的惡劣環境因素有關，但是，也有可能是因為對該親人的自殺行為有著認同或仿效的反應，也就是，當這些青少年面對生活上的問題時不會抗拒甚至認同以這些方法作為一種解脫。另外，他們自殺死亡的親人也極有可能受到精神病的影響而自絕生命。某程度上，這一群青少年人也較有機會患有相類似的精神病，因為自殺行為有家族聚集現象，也就是自殺者的家中較常發現其他自殺個案，這可能和先天遺傳與後天家庭環境的影響有關。

雙胞胎研究則比較能推測遺傳與環境因素各所佔的比重，研究發現，同卵雙生的兄弟一同有著自殺念頭或自殺行為的機會也比異卵雙生的兄弟為大。這些研究說明在某程度上青少年自殺行為，有可能受著遺傳因素影響。醫學研究發現，某些遺傳基因，可能控制著一個人的情緒反應，而這些情緒反應，也就可能是其中一個自殺傾向的遺傳管道。

外在因素

(一)家庭因素

相對於一般青少年，企圖自殺者較多來自有問題的家庭，例如：父母親有犯罪紀錄、酗酒和失業；屬於單親或低收入家庭；父母有婚姻問題；父母子女之間也有較多衝突；管教子女的方式也較常出現責罵、仇視、冷漠、不關心、懲罰性的傾向，而這些年輕人感覺他們與父母的關係問題往往比他們父母想像中的來得嚴重。這些年輕人與父母的分歧與摩擦很多時候也是圍繞著什麼事情是他們的年紀應該與不應該做的。企圖自殺的年輕人離開家庭居住的情況也較多，碰上問題時也較少感覺到家人的支持。研究也指出，這些年輕人比起其他人有較大機會曾經受到虐待。以上各種情況事實上容易為青少年帶來情緒問題，隨之而來便是增加著青少年企圖自殺的風險。

(二)模仿效應

成長的過程中，青少年面對著種種的轉變，他們似乎不停地在追尋著認同，尋找個人定位。對流行歌手，電影明星等的言行、衣著趨之若鶩。而這些歌手和名人的行為往往也成為青少年的模仿對象。在這樣的情況下，他們容易受到外來因素的影響。愈來愈多證據顯示，一部分青少年企圖自殺可能是模仿他們的朋友或傳媒報導的自殺行為。外國也有研究發現，當傳媒廣泛報導青少年的自殺行為之後，與報導內所形容的死者背景相似的青少年企圖或成功自殺的個案也明顯

增加。其他調查也發現，當報章對自殺事件作出報導的次數愈高，跟隨著的青少年自殺行為也相對地愈高。

以往在外國也曾經有例子是當電視台播出一個十九歲青年於鐵路自殺的虛構故事後，在隨後的一段短時間內，相類似背景的青少年以同樣方法自殺的情況明顯增加，而且當這個故事在一年後重播時，這個現象更再次發生。

(三)朋輩間的互相影響

「自殺組群」是指在某一個社區內，例如學校，在一段時間內企圖自殺的個案不尋常的增加，成為一個組群。對於「自殺組群」的出現，相信青少年與同輩間的互相模仿也是其中的一個解釋。

「自殺組群」也有可能在一個較小的圈子內發生，而自殺者是朋友關係。這現象可能是模仿效應，也有可能是因為其他原因，例如「選擇交友」。這是指這些青少年們因為背景相似，興趣相近，對生活事物的感受和看法相若，而令他們覺得特別投契而成為朋友。當然，在這情況下他們面對的問題也可能相差不遠，而其處理手法如自殺行為等也相類似。

另外，當青少年面對朋友企圖自殺甚至死亡後，也會有不同程度的情緒困擾。一部分青少年可能隨著時間過去困擾有所舒減；但當中也有一群未能從中振作，嚴重程度慢慢增加，甚至患上抑鬱症。較早前，一項關於香港青少年的問卷調查中發現，在大約二千七百個接受調查的中學生中，有朋友企圖自殺及自殺身亡的青少年患有不同形式的精神健康問題的比例高達41%。相對於有同樣背景但是在同輩間沒有人企圖自殺或自殺身亡的青少年（11%）的比例高出三倍；這一群

同輩中有自殺問題的青少年，他們比一般人有較多的破壞性行為及情緒問題。研究指出朋輩間有自殺問題是青少年企圖自殺的一個高危險因素。

㈣生活打擊

有三分之二的青少年企圖自殺也是在面對日常生活的打擊後發生。最常見的如人際關係問題、學業問題、面臨紀律處分等。這些打擊可以看作是自殺行為的即時誘因。但事實上，大部分這些打擊對一般青少年只是成長中的正常經歷，和其他沒有自殺傾向的青少年所碰上的沒有太大不同。這樣反映著的可能是每個人承受打擊的能力或作出反應的不同。生活打擊的出現，也可能隨著每個人不同的處世態度而有所分別。例如一個性格衝動，解決問題能力弱或精神健康出現問題的青少年，可能會容易「把小事化大事」，因而為自己增加生活上的打擊，從而增加情緒問題或自殺傾向。

保護因素

當研究顯示著有自殺傾向的青少年有各種高危險因素的同時，一些研究也指出有一群青少年即使有著情緒困擾，但他們的自殺情況也不見增加，這是因為他們對自殺行為有保護因素。就個人而言，其中兩個保護因素是擁有有效解決問題的技巧和學業成就，而與家人的密切關係和同輩間的友誼及宗教信仰也可發揮著保護作用。就社會角度而言，有外國調查發現對自殺方法作出控制，例如嚴格的槍械管制、危險藥物販賣管制可能減低自殺率。

自殺行為的評估

　　青少年談及自殺意圖，往往使身邊的人感到不安、焦慮、惶恐、懷疑或憤怒。面對這些青少年的人也可能有不同反應；有的會避免談及，有的會轉移話題，有的可能當作沒聽到，有的故作歡樂希望能淡化議題。其實這都可能出於一些不必要的誤解，唯恐愈談及自殺問題其發生機會就愈大，因而有所忌諱。但是青少年可能會因為對方的反應而感到害怕繼續透露他的想法，又或者感到別人對問題的不接納而不願再談下去。這樣一來，問題雖然說了出來，但並沒有解決。適當處理自殺意圖方法是了解問題及對自殺危機作全面評估，使青少年感覺到終於有人為他們的「呼救」作出回應，聆聽他們的心聲，為他們伸出援手。

　　對自殺危機作出評估時，應儘可能安排一個適當的環境。太公開、熱鬧或太多其他人進出的地方都不適合，因為這對雙方都會引起騷擾，在本來不安的氣氛下更添上壓力。一個安全和寧靜的環境，不但有助當事人平復情緒，說出心事，也讓聆聽者能夠專注地了解問題，以便作出清晰的分析和處理。若該地方能方便接觸到其他支援者則更為理想。

　　接見時，要保持平靜，切勿表現驚訝、激動、憤怒、過分憂慮或懷疑背後動機或自殺的可能性。勿試圖以言語貶低青少年提出的問題的價值，因為這不單使部分青少年感到不被明白，有些更會感到被傷害或輕視。不必急於作出回應或評語，先儘量傾聽。只有透過傾聽，才有辦法找出真正痛苦的原因，發掘問題所在。倘若急於說教，真正的心事就容易被藏起來。要容許一時間的沉默，別急進催促。他們可

能正在思考問題或正感到迷茫。只要有耐性，保持關心態度及注意他們的反應，大部分青少年漸漸地也能將問題道出。細心聆聽，準確捕捉情緒，無偏見地澄清疑問，切身地體會，不但使他們感受到被理解和關心，也有助他們了解自己的情緒，從而得到抒發和平復的效果。

在面談的過程時，評估的內容大概應包括自殺意圖的強烈程度及觸發這行為的生活打擊。另外，在前文提及的各種自殺高危險及保護因素的存在與否都有助理解情況的嚴重性及安排處理方法。以下徵兆可助了解自殺意圖的強烈程度：

㈠長時間令人困擾的自殺念頭。

㈡周詳的自殺準備及計畫。

㈢立下遺書或為死後事情預早作出安排。

㈣向朋友透露自殺企圖。

㈤選擇偏僻的地方及不會驚動他人的時間自殺。

㈥作出安排使自殺行為不容易被察覺或受到阻礙。

㈦自信能致命的自殺方法。

㈧客觀上能致命的自殺方法。

㈨自殺行為後沒有向他人作出求助。

㈩對自殺行為不覺後悔，甚至為「失敗」感到失望。

(十一)有過往自殺紀錄。

上述的情況愈多則意味著自殺意圖愈強烈，而自殺意圖愈強烈則危險性愈高。

前文中已提及精神健康問題與自殺行為有莫大的關係。而從與當事人的言談中也可能會發現一些病癥。對這些病徵有基本的概念會有

助評估。

　　在企圖自殺的青少年當中，抑鬱病癥最為普遍。常見的抑鬱症的病徵有：情緒低落、對日常生活失去興趣、容易疲倦或感覺到力不從心、失眠、食慾不振、自責、感到絕望／沒價值／無助感、自殺念頭等。其他的精神健康問題如酒精或藥物濫用、性格障礙等也是青少年自殺的警號，需要適當治療。

　　當一方面為青少年自殺行為作出評估時，另一方面也正是處理著誘發自殺的問題。生活打擊通常是自殺的即時誘因，處理時應該協助他們想出解決困難的不同方法，讓其權衡利害，選擇其一，然後計畫實踐步驟，最終達到解決問題的結果。過程中，除了要保持態度樂觀讓青少年感到困難是可以解決外，也要避免直接替他們作出決定或解決問題。畢竟整個過程也可視作青少年成長中的學習，讓他們在指導下體會及建立個人解決問題的態度和技巧，為將來更多的挑戰作準備。

🌸 預防青少年自殺行為

　　預防工作朝著的方向大致包括盡量減少自殺高危險因素，增加保護因素和儘早發現高危險個案作出輔導或治療。

　　㈠提高大眾精神健康水平，減低出現問題的機會。例如：推動健康的日常生活規律，適當的娛樂和休息，樂觀的生活態度，家人和朋友間互相支持等。就青少年而言，透過學校課程及活動，家長支持及社會宣傳的配合，希望能培養他們解決困難的能力和情緒控制，擴展他們的思維及增加彈性，建立個人自信，從而為面對逆境時的精神健康做好準備。

㈡增加市民對精神健康問題的認識及消除歧視和誤解,減低標籤
　效應,這樣有助受精神問題困擾的青少年勇於正視問題,尋求
　治療。另外,精神健康教育也令大家可以在問題發生時有更敏
　銳的觸覺,容易作出識別,及早為身邊的朋友或家人提供協助
　及支持,避免它成為自殺的高危險因素。相應地,實際的求助
　管道也應增加,較常接觸青少年的人士,例如:家庭醫生、社
　工、教師等,也須提高對精神健康問題的認識、處理及求助途
　徑。醫療界也需作出配合,提供有效支援及儘早為患者作出治
　療。

㈢家庭中,也需提倡父母子女溝通和支持的重要性,鼓勵有問題
　家庭尋求協助。社會也應主動為這些家庭提供支援,協助父母
　子女間互相溝通,減低摩擦和衝突,增進互相關心,改善管教
　上出現的問題,透過改善整體家庭運作,使能更有效地處理家
　庭內的問題。

㈣要減低模仿效應在青少年自殺中所產生的不良反應,實在需要
　有負責任的傳媒自我紀律,應避免高調報導個別自殺事件,避
　免詳述自殺方法或過度故事化地報導當事人的困境。

㈤既然知道企圖自殺或成功自殺對青少年同輩間的精神影響,要
　預防「自殺組群」的出現,就要針對受影響的一群作出輔導。
　一方面協助平復有朋友自殺所帶來的精神創傷,另一方面可及
　早辨認出情緒或行為而出現問題的成員,作出個別處理或轉介
　治療。

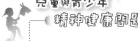

參考書目

Hawton, K. (1986). *Suicide and Attempted Suicide among Children and Adolescents*. Beverly Hills: Sage Publications.

Hawton, K., & Heeringen, V. (2000). *The International Handbook of Suicide and Attempted Suicide*. Chichester; New York: Wiley

Klott, J., & Jongsma, A. E. (2004). *The Suicide and Homicide Risk Assessment & Prevention Treatment Planner*. Hoboken, N.J.: Wiley.

Orbach, I. (1988). *Children Who Don't Want to Live: Understanding and Treating the Suicidal Child*. Calif.: Jossey-Bass.

Retterstol, N. (1993). *Suicide: A European Perspective*. New York: Cambridge University Press.

Rutter, M., Taylor, E., Shaffer, D., & Gutstein, J. (2002). Child and Adolescent Psychiatry (4th Ed.), *Suicide and Attempted Suicide*. Oxford: Blackwell Scientific Publication.

Stone, G. (1999). *Suicide and Attempted Suicide: Methods and Consequences*. New York: Carroll & Graf.

Israel Orbach 著,高慧芬譯(2000),《不想活下去的孩子:自殺心理分析及治療》,台北市:心理。

侯傑泰(1993),《青少年自殺:特徵,防止及危機處理》,香港:中華書局。

蔡德輝、楊士隆(2002),《青少年暴力行為》,台北市:五南。

諾愛爾‧尼爾森(2002),《遠離危險關係——愛情的七大警訊》,

　　台北市：張老師文化。

謝永齡（2000），《青少年自殺：認識、預防及危機處理》，香港：
　　香港中文大學出版社。

第十四章

香港兒童權利
的初探

香港兒童權利委員會

引言

隨著社會不斷的進步，資訊科技的發達，知識水平的提升，公眾對自己本身應有的權利也已有相當程度的了解。因此，近十年來，不少弱勢社群也紛紛站起來，透過不同的方式，爭取多年來被社會忽略的權益。簽名運動、遊行示威、團體聲援、公眾輿論等等，此起彼落，目的也是要告訴社會各界及有關當局──他們已不再願意沉默下去，他們現在便要爭回一個平等、被尊重的地位。事實上，在這些行列當中，也有不少成功的例子，殘疾人士、長者、婦女、青年等，他們的訴求已一一被正視，在行政機關裡也相繼出現了康復、長者、婦女及青年等事務委員會，在政府委任的專員領導下，工作小組就政策、民生等事項，監察各項細節是否已全面考慮及照顧到他們所專責的社群的利益。就此看來，這的確說明了社會的進步。但當我們再進一步看清楚時，這為數不少的委員會又是否已包括了社會上各個階層的聲音呢？若說是的話，那我們兒童的權益，又會由哪一個專責的委員會來照顧呢？我們怎能要求一些在成長中，心智還未成熟的兒童以成年人的方法，說出他們的所想所需呢？就算他們可以的話，掌握著決定權的成年人又是否樂意聆聽，並認真地處理他們的訴求呢？當我們自認身處於一個先進發達的社會時，我們必須為這一連串的問題找出答案，認真的為我們的下一代締造一個真正平等的社會。

聯合國《兒童權利公約》自一九九四年九月延伸至香港後，在這十年間，公約並沒有得到廣泛的推廣，「每一個孩子都擁有天賦不移的權利」，在香港市民的腦內仍然是一個陌生的概念，要有效地推廣

兒童權利的訊息，教育是最重要的步驟。為此，我們盼望透過以下資料與你們分享兒童權利的重要，並希望你們在日常生活，甚至工作上協助將此訊息加以推廣。

基本理念

《兒童權利公約》的一個主要理念，就是兒童作為人類無異於成年人，平等共享相同價值。確認兒童有遊戲的權利，亦即表明童年有其本身的價值，童年時光並非純為其長大成人提供訓練。兒童具有同等價值的概念，似是老生常談，實則在今日每被漠視。

關於保護和發展兒童福利的一切行動，不論是由公共社會福利機構、法院、行政當局或立法機構執行，均應以兒童的最大利益為首要考慮。

「兒童」的定義

《兒童權利公約》將「兒童」定為凡未滿十八歲的人；按某些國家的法律，法定成年的年齡可更早。

權利分類

根據《兒童權利公約》，兒童權利大概可分為四個主要類別，包括存活權利、保護權利、發展權利和參與權利。

(一)存活權利

包括生存權利,及有權接受可行的最高標準的醫療保健。

生命的定義,除了指活著(有活動、呼吸、說話、視覺)外,還應包含一個人的喜樂,對自己、其他人及周圍環境的和諧共存。而存活的定義應該包括兒童的生命在某些時刻受惡劣環境所威脅的設想。

締約國應確認兒童有權享有可達到的最高標準的健康,並享有醫療和康復設施。此外,締約國也應承擔以下責任:

- ·降低嬰幼兒死亡率;
- ·提供必要的醫療援助和保健;
- ·消除疾病及營養不良現象;
- ·確保母親得到適當的產前和產後保健;
- ·提供有關保健的教育;
- ·開展預防保健;
- ·採取有效和適當的措施,以期廢除對兒童健康有害的傳統習俗;及鼓勵國際間的合作。

嚴重威脅兒童的存活權利的例子:

1. 因為社會部分人士的誤解,排斥弱智人士,反對在東頭(香港其中一個公共屋)開設弱智人士中心。
2. 調查發現有四成接受援金的兒童曾捱餓。

(二)保護權利

包括防止兒童受到歧視、虐待及疏忽照顧;及對失去家庭的兒童和難民兒童的保護。

　　兒童由於年幼及其發展特點，都需要特別保護，不論兒童的性別、國籍、文化背景或一切其他原因，兒童都有權利得到保護。國家、機構、個人及兒童本身都有責任執行及尊重這些權利。

　　締約國應保護兒童免受經濟剝削、免受身體虐待及性虐待、免受戰亂、疏忽及遺棄、不合理對待和歧視，有需要時，隨時提供適當的照顧及康復服務。

　　嚴重威脅兒童的保護權利的例子：

　　1. 煲奶樽（熱奶瓶）未熄火離家招祝融，小兄妹險葬身火海。

　　2. 無恥漢意圖強姦繼女，認罪候判刑。

(三)發展權利

　　包括接受一切形式的（正規和非正規）教育，及足以培育兒童身體、心理、精神、道德及社交發展的生活條件。

　　締約國應最大限度地確保兒童的存活與發展。讓兒童能夠從多種國家及國際來源獲得訊息和資料，而大眾傳播媒介也應散播在社會和文化方面有益於兒童的訊息和資料。教育兒童的目的應是最充分地發展兒童的個性、才智和身心能力；培養兒童積極參與自由社會的事務，尊重本國以及不同於其本國的文化。此外，兒童有權享有休閒，以及參與文化生活和藝術活動。

　　嚴重威脅兒童的發展權利的例子：

　　1. 傳媒以誇張失實的手法報導新聞。

　　2. 電視、電影及廣告題材過分渲染性及暴力情節。

㈣參與權利

包括兒童有權對影響他／她的任何事項發表意見。

兒童在一切有關他們的發展的事務上，應是一個積極有貢獻的參與者，而非僅被動地接受。兒童是正在發展的個體，其本身有個別感受和意見，他們才是最清楚表達他們需要的理想人選，只要成年人能給予適當的支持及尊重，他們會理智及負責任地提出建議作出決定。憑著兒童誠實、肯關心和好奇、有豐富的想像力的寶貴特質，如讓他們發表意見，會為有關兒童福祉的討論帶來新意。再者，兒童是世界的未來，他們自誕生以來就擁有全面的個人存在意義，這一點必須得到尊重及認可，成年人應該洗耳恭聽，並儘量讓兒童發表。

近年來本地的離婚個案不斷上升，父母離異的決定及家庭破碎後照顧兒童的安排，應鼓勵父母顧及孩子的情緒，使孩子有機會發表意見，及全家一起為未來安排作討論。孩子不應成為被動的受害者，而應有權參與決定未來的生活安排，及有權與父母分享焦慮、不安的感受。

嚴重威脅兒童的參與權利的例子：

1. 政府政策的制定，缺乏兒童的聲音，剝削他們發表意見的權利。

2. 父母忽略子女本身對學術科目的興趣，全權為子女選擇修讀科目而作決定。

兒童權利如何影響兒童的成長和發展

「兒童有人權，那麼父母呢？老師呢？」成年人對兒童權利常有這樣的回應，這句話背後好像假設了兒童的人權必然會與成人的權利出現衝突，在家庭、學校引起混亂。可是我們從來不會質疑「男人有人權，那麼女人呢？」其實父母、老師、子女、學生同樣享有人權，而人權的真義就是人人都能互相尊重人的尊嚴，不論老幼、殘疾。兒童權利教育不單可加強子女與父母之間的溝通、學生對學校的歸屬感，同時更有助兒童的個人成長，讓他明白到人人生來平等，在明白到自己的權利外，也同時懂得尊重別人的權利，創造民主、和諧的社會氣氛。

兒童權利的三個「R」

兒童權利跟人權一樣，並不能是一個自私的觀念，在講求權利之餘，也同樣著重義務和責任。就讓我們一起分享兒童權利的三個「R」：Right 權利、Respect 尊重、Responsibility 責任。

Right 權利

上文已作詳盡介紹，在此不再贅述。

Respect 尊重

每個人都有自由選擇做自己喜歡的事。不過自由不是絕對的，在

合理和必須的情況下，自由是可以受到限制的。在行使自己的自由時，不能損害他人的權利，否則便是放任的行為。每個人有不同的特質，例如：外形、智力、體力等等，但都有作為一個人的尊嚴，並應受到其他人的尊重。父母應該受到子女的尊重，但同樣地，父母在教導子女時也應顧及子女的尊嚴。「己所不欲、勿施於人」，應設身處地去為人設想，自己不想受到某種方式對待時，也不應以這種態度去對待人。行使自己的權利時，也應同時尊重其他人。不同年紀的兒童應享有適當的自由，父母有責任教育子女如何行使這項權利，培養自律精神。

Responsibility 責任

權利與義務兩者缺一不可，在享有權利的同時也必須有承擔的義務，不論在家庭、學校、社區、社會，或是作為這個地球的一份子而論。兒童應自小培養成為有責任的世界公民，關心自己的社會或世界上生來較不幸的兒童，並盡力為他們爭取權利。父母和老師應儘量給予兒童機會，培養他們本著各國人民、族裔、民族，和宗教群體以及原為土著居民的人之間的諒解、和平、寬容、男女平等和友好的精神，在自由社會裡過有責任感的生活。

學校推行兒童權利教育有「七怕」

很多老師一聽到在學校推行人權教育都為之卻步，害怕學生的權力過大，會在維持秩序和推行校政方面造成困難，更莫說兒童權利了！以下是綜合了不少老師憂慮在學校推行兒童權利教育的各個原

因：

　　(一)怕亂。

　　(二)怕失威嚴。

　　(三)怕煩。

　　(四)怕忙。

　　(五)怕不認識。

　　(六)怕教壞小朋友。

　　(七)怕實踐。

　　要在校內推行兒童權利教育，可能要改變一些習慣性的做法，但那也未必會造成混亂，也未如想像中那樣可怕，相反的，可以讓學生感受到體諒和容納的重要性。以下是其中一個參考例子：

　　亞球，男，中四學生，愛吃，在家中也擔任起買菜做飯的工作，漸漸地培養了自己對烹飪的興趣，志願是當一名廚師，及擁有自己的餐廳。在中三升中四的時候，亞球決定放棄金工、電工而選修家政課，可是卻招來笑柄，被同學取笑為「娘娘腔」、「男生之恥」，說他藉故親近女生……。學校在沒有男生修讀「家政」及女生修讀「設計與科技」的先例下，起初也阻止亞球選修「家政」，用種種方法託辭讓他打消念頭，諸如器材、設施有限；怕他不熟識器具而發生危險；學校行政上有困難等等。

　　根據平等機會委員會在一九九九年發表的〈香港中學生修讀「設計與科技」及「家政」科目問卷調查結果報告〉發現，現時香港大部分的中學，並不會給予學生在「設計與科技」及「家政」兩科中作自由選擇。不論初中或高中，「設計與科技」主要是男生修讀；而「家

政」則主要是女生修讀。

由此可見，香港的教育理念仍存在著對性別角色的定型假設，導致部分學生在修讀這兩科時應享有的平等機會被剝奪。在未來社會重視科技發展的趨勢下，這類傳統性別角色的定型，會導致女性的參與受到侷限；同時也可能影響男性日後在家庭分工方面的態度。

學校作為教育下一代的先導者，應該透過亞球選修科目的問題，讓同學了解每個人擁有選擇的權利和自由、人人平等、向歧視 say NO 等等的概念，這樣，社會才會變得多采多姿，兒童才會設身處地學會共享、共存的可貴。事實上，男生修讀「家政」及女生修讀「設計與科技」並不存在實質的困難，只是學校多年來不成文的規定，及害怕秩序混亂而限制了學生應有的發展權利而已。

讓兒童參與的重要

「大人時常有一個錯誤的想法——究竟一個小朋友何時才可掌握參與和表達意見的能力？但如果你不給予他們機會，他們是永遠學不會這技巧的。儘早給予我們機會，看我們如何展翅飛翔！」這是在二〇〇二年聯合國兒童高峰會上，一位來自馬來西亞的兒童代表面對世界各國領袖的一個呼籲。

根據聯合國《兒童權利公約》，「應確保有主見能力的兒童對影響其本人的一切事項自由發表意見，對兒童的意見應按照其年齡和成熟程度給予適當的看待。」

而兒童自由發表的權利包括通過口頭、書面或印刷、藝術形式或兒童選擇的任何其他媒介，尋求、接受和傳遞各種信息和思想的自

2
5
6

由。按照兒童的成熟程度給予機會、資訊、支持和理想的條件，讓他們在有尊嚴和受到尊重的環境下表達意見，培養他們成為願意主動表達意見的新一代，在家庭、學校、社區、社會成為積極的一份子。

兒童參與的進程

隨著兒童日漸成長，他們參與的機會也從私人環境擴展至公眾地方、由本地擴展至全球（見圖一）。

兒童在頭幾年的生命之中主要以家庭為中心，所以在家中的日常

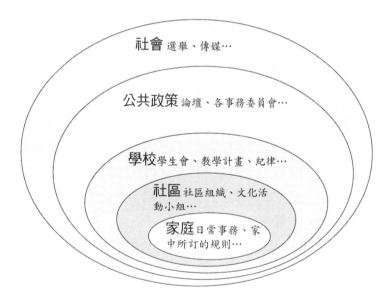

圖一：兒童的參與進程

（引自聯合國兒童基金會在巴西薩爾瓦多的 Global Lifeskills Workshop，2002 年 6 月）

事務當中，應該讓他們一起參與。但隨著他們開始長大，生活圈子漸闊，他們參與的範圍也擴展至社區，例如透過興趣小組、文化活動等等。學校生活佔了兒童和青少年一個很重要和很長的時期，讓兒童參與在與他們息息相關的事情上是相當重要，參與的模式可以透過學生會，就學校的教學計畫、紀律等等的問題上表達意見。經歷了學校的小社會之後，他們便開始向外面的社會探求，各個的事務委員會，例如青年事務委員會、婦女事務委員會，或者是各個論壇成為了他們參與的管道。到了成年，不論是選擇以參選還是以投票行使公民責任，選舉都成為了社會上最清晰的參與管道。

總結

香港特區政府作為簽署了《兒童權利公約》的一份子，必須履行公約中的原則，這些原則包括：

1. 遵守國際法，為兒童達至一些基本的標準；
2. 提供法定架構，促使該標準可以達成。這包括通過授權的立法，反映兒童權利公約的精神；
3. 在可能的範圍內，訂下特定時限，落實執行兒童權利。

要有效地推行及履行上述原則，有關當局應成立一個專責監督推行公約的事務委員會，讓委員會就兒童權利工作設立衡量指標，並對相關的議題作研究。同時，可透過公眾論壇，對影響兒童的各種情況多作了解，蒐集各方面的資料及意見，制定政策，進行改善。對兒童工作者的專業培訓及市民的公眾教育更是不可或缺。

　　香港能有今天的進步，除了靠著香港人的拚勁，在經濟貿易上取得卓越的成就外，現存公平的司法制度、優質的教育及平等的信念，更是背後穩健的支柱，這也是帶來我們安穩生活的基礎。讓這些一切得以延續，我們必須培育我們下一代有同樣的信念。給予他們應有的權利，使他們在成長中親身體驗平等的可貴，這便是最有效的教育。最後，我們期待著兒童事務委員會的誕生，以及兒童的獨立地位得到提升和尊重。

　　「我們在聯合國討論兒童權利狀況的時候，時常演變成政治角力和外交談判，但兒童卻懷抱熱忱、帶著憂心忡忡的眼神、願意接受挑戰的勇氣，給了我們無窮的想法、夢與希望。只有他們才真正賦予了兒童權利公約生命。」（聯合國祕書長——安南）

參考書目

The Human Rights School, *World Studies Journal*, Vol.6, No.2

The United Nations Children's Fund (UNICEF) (2002). The State Of The World's Children 2003.

《聯合國兒童權利公約》。

香港兒童權利委員會（1996），《聯合國兒童權利公約訓練手冊》。

公民教育委員會（1999），《學校人權小小說》。

附錄／香港心理衛生會
簡介

　　香港心理衛生會於一九五四年成立，是一個非牟利社會服務機構，提供適切而優質的康復服務，促進精神康復者及弱智人士的獨立生活和融入社會，及透過精神健康教育，提高公眾人士對精神健康的關注和重視。

　　在康復服務方面，香港心理衛生會自一九六七年創辦第一所中途宿舍後，為適應香港社會的需要，努力發展至今日，總共開設二十九個服務單位，提供服務包括：

・中途宿舍

・輔助居所

・弱智人士宿舍

・日間訓練及活動中心

・續顧服務

・庇護工場

・就業輔助及培訓服務

・社會企業

・特殊學校

　　在精神健康教育方面，香港心理衛生會經常為康復者、家人、照顧者、專業同工及公眾人士舉辦多元化教育活動，其中包括：

・公開講座、研討會、展覽

・為學校、政府部門、社區及商業團體提供精神健康教育和培訓

・電話資訊、電話輔導及「面對面」心理評估和輔導服務

・精神健康義工訓練及服務

・網上精神健康資訊

‧出版精神健康期刊、專題書籍、教材、小冊子、單張、書籤等
　刊物和錄影帶

國家圖書館出版品預行編目資料

兒童與青少年精神健康問題：觸動與關懷／
趙雨龍、秦安琪編著. - - 初版. - -
臺北市：心理，2005（民 94）
　　面；　　公分. --（輔導諮商；53）
含參考書目

ISBN 978-957-702-806-8（平裝）

1. 兒童心理學　　2. 青少年—心理方面

173.17　　　　　　　　　　　　　　　94011959

輔導諮商 53 **兒童與青少年精神健康問題：觸動與關懷**

策　　　畫：香港心理衛生會出版小組委員會
校 閱 者：孫健忠、陳阿梅
編 著 者：趙雨龍、秦安琪
執 行 編 輯：陳文玲
總 編 輯：林敬堯
出 版 者：心理出版社股份有限公司
社　　　址：台北市和平東路一段 180 號 7 樓
總　　　機：(02) 23671490　　傳　　真：(02) 23671457
郵　　　撥：19293172　心理出版社股份有限公司
電子信箱：psychoco@ms15.hinet.net
網　　　址：www.psy.com.tw
駐美代表：Lisa Wu　tel: 973 546-5845　fax: 973 546-7651
登 記 證：局版北市業字第 1372 號
電腦排版：龍虎電腦排版股份有限公司
印 刷 者：翔盛彩色印刷有限公司
初版一刷：2005 年 7 月
初版二刷：2006 年 8 月

定價：新台幣 280 元　　■有著作權‧侵害必究■
ISBN-13 978-957-702-806-8
ISBN-10 957-702-806-3

讀者意見回函卡

No. _____　　　　　　　　　填寫日期：　年　月　日

感謝您購買本公司出版品。為提升我們的服務品質，請惠填以下資料寄回本社【或傳真(02)2367-1457】提供我們出書、修訂及辦活動之參考。您將不定期收到本公司最新出版及活動訊息。謝謝您！

姓名：_____　性別：1□男　2□女

職業：1□教師 2□學生 3□上班族 4□家庭主婦 5□自由業 6□其他____

學歷：1□博士 2□碩士 3□大學 4□專科 5□高中 6□國中 7□國中以下

服務單位：_____　部門：_____　職稱：_____

服務地址：_____　電話：_____　傳真：_____

住家地址：_____　電話：_____　傳真：_____

電子郵件地址：_____

書名：_____

一、您認為本書的優點：（可複選）

　❶□內容 ❷□文筆 ❸□校對 ❹□編排 ❺□封面 ❻□其他____

二、您認為本書需再加強的地方：（可複選）

　❶□內容 ❷□文筆 ❸□校對 ❹□編排 ❺□封面 ❻□其他____

三、您購買本書的消息來源：（請單選）

　❶□本公司 ❷□逛書局⇨_____書局 ❸□老師或親友介紹

　❹□書展⇨____書展 ❺□心理心雜誌 ❻□書評 ❼□其他_____

四、您希望我們舉辦何種活動：（可複選）

　❶□作者演講 ❷□研習會 ❸□研討會 ❹□書展 ❺□其他_____

五、您購買本書的原因：（可複選）

　❶□對主題感興趣 ❷□上課教材⇨課程名稱_____

　❸□舉辦活動　❹□其他_____　（請翻頁繼續）

心理出版社 股份有限公司

台北市 106 和平東路一段 180 號 7 樓

TEL: (02) 2367-1490
FAX: (02) 2367-1457
EMAIL:psychoco@ms15.hinet.net

沿線對折訂好後寄回

六、您希望我們多出版何種類型的書籍

❶□心理 ❷□輔導 ❸□教育 ❹□社工 ❺□測驗 ❻□其他

七、如果您是老師，是否有撰寫教科書的計劃：□有□無

書名／課程：＿＿＿＿＿＿＿＿＿＿＿＿＿＿＿＿＿＿＿＿＿

八、您教授／修習的課程：

上學期：＿＿＿＿＿＿＿＿＿＿＿＿＿＿＿＿＿＿＿＿＿＿

下學期：＿＿＿＿＿＿＿＿＿＿＿＿＿＿＿＿＿＿＿＿＿＿

進修班：＿＿＿＿＿＿＿＿＿＿＿＿＿＿＿＿＿＿＿＿＿＿

暑　假：＿＿＿＿＿＿＿＿＿＿＿＿＿＿＿＿＿＿＿＿＿＿

寒　假：＿＿＿＿＿＿＿＿＿＿＿＿＿＿＿＿＿＿＿＿＿＿

學分班：＿＿＿＿＿＿＿＿＿＿＿＿＿＿＿＿＿＿＿＿＿＿

九、您的其他意見

謝謝您的指教！ 21053